Lasst uns das Leben ins Freie verlagern!

Liebe Leser*innen,

VORANKÜNDIGUNG

Wir arbeiten jetzt seit einigen Wochen an einem besonderen Herzensprojekt: Im Juni bringen wir ein Sonderheft heraus! Heute möchte ich euch schon ein paar kleine Geheimnisse daraus verraten. Wichtig: Wir drucken nur eine kleine Auflage – schnell sein lohnt sich also! Mehr lest ihr auf Seite 48.

Ab 14. Juni bei Lidl!

Vorabcover

dieser magische Moment im Jahr, wenn das Leben auf einmal wieder im Freien stattfinden kann, weil die Temperaturen es endlich zulassen – den kann ich einfach nicht erwarten. Die Terrassenmöbel sind jetzt der Dreh- und Angelpunkt des Lebens. Am liebsten starte ich schon meinen Tag mit einer Tasse Kaffee dort und nach Feierabend verlagern wir natürlich auch jedes Abendessen nach draußen.

In diesem Sommer habe ich mir eine kleine Outdoor-Küche eingerichtet. Auf einem Extratisch habe ich Platz für den Monsieur Cuisine, Küchenkräuter in Töpfen sowie ein Schneidebrett. So kann ich alles, was ich aus den Beeten oder von den Sträuchern ernte, auch gleich draußen unter freiem Himmel verarbeiten. Speziell für die Erdbeeren ist das praktisch, da sie am besten ganz frisch zubereitet werden. Unsere Express-Ideen für die süße Pause findet ihr ab Seite 60.

Damit viel Zeit für entspannte Stunden bleibt, ist diese Ausgabe von **monsieur cuisine by ZauberMix** mit reichlich Rezepten gespickt, die schnell und bequem zubereitet sind. Viele eignen sich ideal, um sie auf wunderbare Ausflüge, zu geselligen Grillabenden oder zum gemeinsamen Fußballschauen mitzunehmen. Ich wünsche euch eine herrlich sonnige Zeit und ganz viel Spaß beim Ausprobieren neuer Ideen!

Vivien Koitka, Chefredakteurin

Fotos: Kathrin Knoll (1); Archiv (1) | Titelfotos: Ira Leoni (1); Archiv (1)

INHALT

Wir feiern Fußball-EM!
Zum Sportevent servieren wir coole Kicker-Köstlichkeiten
50

Erdbeer-Express
4 Blitzrezepte für die süßen Sommerlieblinge
60

Knusperzeit
Ruckzuck-Snacks mit Frischteigen
56

Fotos: siehe Rezeptseiten

LET'S MIX!

SPECIAL MIX

MIX IT UP!

SERVICE

84
Der Sommersoßen-Trend
Erst Gemüse und Käse rösten, dann im Monsieur pürieren

monsieur cuisine by ZauberMix

REZEPTE DIESER AUSGABE

HERZHAFTES

SÜSSES & GETRÄNKE

REZEPTE MIT DIESEM SYMBOL FINDET IHR ALS **GUIDED COOKING** REZEPTE AUF EUREM MONSIEUR CUISINE CONNECT UND SMART!

S. 51

Deutschland-Torte

S. 51

Fußball-Schaumkuss-Dessert

S. 52

Amerikaner im Fußball-Look

S. 52

Obst-Tartelettes im Deutschland-Look

S. 57

Crinkle Cake mit Filoteig

S. 58

Einfache Quarkstangen mit Vanille

S. 61

Erdbeer-Butterkeks-Dessert

S. 61

Schneller Erdbeer-Quark-Kuchen vom Blech

S. 62

Erdbeerpudding

S. 62

Erdbeerlimonade mit Minze

S. 70

Ensaïmada de Mallorca (Hefeschnecke)

S. 71

Sangria-Granita

S. 98

Franzbrötchen

S. 98

Franzbrötchen-Creme

WELLNESS

S. 92

Rosmarinwasser für volles, gesundes Haar

S. 92

Festes Parfüm

BASISREZEPTE

S. 15

Pesto rosso

S. 21

Pellkartoffeln aus dem Dampfgarer

S. 21

Kumpir aus dem Dampfgarer

S. 21

Folienkartoffeln vom Grill

S. 36

Selbst gemachtes Gyrosgewürz

S. 112

Kräuterbutter

SERVICE

Unsere Symbole und Angaben für Rezepte und Ernährung

- ANBRATEN
- DAMPFGAREN
- LINKSLAUF
- MIXTOPF
- SPATEL
- TEIGMODUS

- VEGETARISCH
- VEGAN
- LAKTOSEFREI
- GLUTENFREI
- **KALORIENARM** Hauptgerichte < 500 kcal, Suppen/Vorspeisen < 350 kcal, süße Rezepte < 150 kcal, jeweils pro Portion
- LOW CARB **KOHLENHYDRATARM** < 25 % der Kilokalorien entstehen durch Kohlenhydrate
- LOW FAT **FETTARM** < 20 % der Kilokalorien entstehen durch Fett

KCAL	KILOKALORIEN
G E	GRAMM EIWEISS
G F	GRAMM FETT
G KH	GRAMM KOHLENHYDRATE

- AiO – Zubereitung in Mixtopf, Kocheinsatz und Dampfgaraufsatz
- ONE POT – Zubereitung nur im Mixtopf
- FIX – Zubereitung in max. 30 Minuten
- EASY – Schnell, unkompliziert, mit einfachen Zutaten
- GESCHENK IDEE – Länger haltbar, gut zum Verpacken und Verschenken

REZEPTE FÜR ALLE MODELLE
Die Rezepte dieses Magazins sind für die Modelle smart, connect, trend und plus entwickelt.

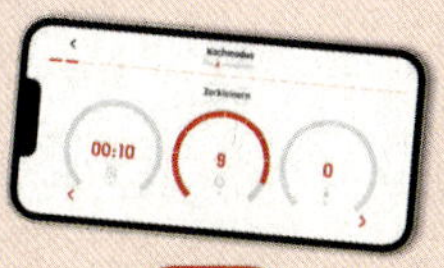

BEQUEM KOCHEN MIT DER ZAUBERMIX APP
Alle Rezepte der neuen Ausgabe findet ihr immer sofort im praktischen Kochmodus zum einfachen Nachkochen im Monsieur Cuisine unter **www.zaubermix.de**

Aromenkombi
TOMATEN & FETA

Das ist das Geschmacksduo dieses Sommers! Wir kombinieren fruchtige Tomaten und herrlich salzigen Feta in fünf simplen und schnellen Feierabendideen

Rezepte: Lukas Lotzing & Elisa Schilling

SOMMERSTARS

Tomaten sind besonders vielseitig und in Begleitung von Schafskäse kommen ihre fruchtigen Noten besonders gut heraus. Wir verarbeiten die erntefrischen Früchte in einem schnellen One Pot, in Blitz-Pizza und Suppe. Der Monsieur übernimmt die Vorbereitung!

Schnelle Tomaten-Feta-Pizza ohne Hefe
Rezept siehe Seite 14

HINGUCKER

Das leichte Gemüsegericht begeistert garantiert alle. Es ist wirkungsvoll, dabei ganz einfach gemacht. Denn der Monsieur kümmert sich in nur 15 Minuten sowohl um die Tomatensoße als auch um die Füllung. Dann fix die Röllchen zubereiten und genießen.

Zucchini-Feta-Röllchen in Tomatensoße

Rezept siehe Seite 14

Fotos: Ira Leoni (1); StockFood / Irina Meliukh (1)

SCHNELL & *lecker*

FIX

Schnelle Tomatensuppe Greek Style

Rezept siehe Seite 14

FÜR JEDE GELEGENHEIT

Die pikante griechische Tomatensuppe ist in nur 25 Minuten gekocht. Dabei gebt ihr die Zutaten bequem in den und lasst den Monsieur köcheln. Während der Garzeit röstet ihr schon Brot und Speck an. Die Toppings kann sich dann jeder selbst nehmen.

CREMIG MACHT *glücklich*

ONE POT

NEUER NUDELHIT

Wir lieben die kleinen Nudeln, die an Reiskörner erinnern. Ihr findet sie im Supermarkt auch als Kritharaki oder Risoni. Das Beste an ihnen: Sie haben einen ähnlichen Biss wie Reiskörner, sind aber in einem Bruchteil der Zeit gegart. Daher eignen sie sich für schnelle Blitzrisottos – oder eben „Orzottos".

Schneller Tomaten-Orzo-One-Pot

00 25 std : min

LOW CARB LOW FAT

PRO PORTION: 516 KCAL | 20 G E | 17 G F | 73 G KH

ZUTATEN FÜR 4 PERSONEN

- 50 g Parmesan, in Stücken
- 1 Zwiebel, halbiert
- 2 Knoblauchzehen
- 20 g Olivenöl
- 30 g Tomatenmark
- 350 g Orzo
- 500 g Wasser
- 400 g stückige Tomaten (Dose)
- 100 g Feta, zerbröselt
- 2 TL Gemüse-Gewürzpaste
- 1 TL getrocknete italienische Kräuter
- 3 Prisen Pfeffer
- Basilikum zum Garnieren

1 Parmesan im **10 Sek.** | **Stufe 10** zerkleinern und umfüllen. Zwiebel mit Knoblauch in den geben und **5 Sek.** | **Stufe 8** zerkleinern, mit dem nach unten schieben.

2 Öl zufügen und die Zutaten ohne Messbecher **3 Min.** | **Stufe 1** | **120 °C** dünsten. Tomatenmark mit Orzo zugeben und **2 Min.** | | **Stufe 1** | **100 °C** andünsten. Anschließend mithilfe des vom Boden lösen.

3 Wasser, Tomaten, Feta, Gewürzpaste, Kräuter sowie Pfeffer zufügen und alles **15 Min.** | | **Stufe 1** | **100 °C** garen. Dabei den Kocheinsatz als Spritzschutz aufsetzen.

4 One Pot auf Tellern anrichten und mit Parmesan sowie Basilikum garniert servieren.

Fotos: StockFood / Immediate Media / Good Food (1) / Irina Meliukh (1)

Schnelle Hackfleisch-Tomaten aus dem Dampfgarer

00 30 std : min

LOW CARB LOW FAT

PRO PORTION: 413 KCAL | 23 G E | 32 G F | 9 G KH

ZUTATEN FÜR 4 PERSONEN

- 8 Fleischtomaten
- 1 Zwiebel, halbiert
- 30 g Olivenöl
- 20 g Tomatenmark
- 400 g gemischtes Hackfleisch
- 150 g Feta, in Stücken
- 2 TL getrocknete italienische Kräuter
- 1 TL edelsüßes Paprikapulver
- 1 TL Salz
- ½ TL Pfeffer
- 1000 g heißes Wasser
- Basilikum zum Garnieren

1 Von den Tomaten jeweils einen „Deckel" abschneiden, das Fruchtfleisch mit einem Löffel entfernen und beiseitestellen. Zwiebel in den geben und **5 Sek.** | **Stufe 8** zerkleinern. Mit dem nach unten schieben. Olivenöl sowie Tomatenmark hinzufügen und **3 Min.** | **Stufe 1** | **120 °C** andünsten.

2 Hack zugeben, **5 Min.** | mitdünsten. Fruchtfleisch der Tomaten, Feta, Kräuter, Paprikapulver, Salz sowie Pfeffer zugeben und **30 Sek.** | vermengen. Tomaten mit der Masse füllen und im tiefen und flachen Dampfgaraufsatz verteilen. Den spülen.

3 Wasser in den geben. Den Dampfgaraufsatz geschlossen aufsetzen und die Tomaten **10 Min.** | garen. Den Dampfgaraufsatz abnehmen, Tomaten auf Tellern anrichten und mit Basilikum garniert servieren.

Schnelle Tomaten-Feta-Pizza ohne Hefe

00 30 std : min

LOW CARB LOW FAT

PRO PORTION: 643 KCAL | 21 G E | 24 G F | 89 G KH

ZUTATEN FÜR 4 PERSONEN

FÜR DEN TEIG

* **400 g Weizenmehl Type 405 zzgl. etwas zum Bearbeiten**
* **220 g Wasser**
* **40 g Olivenöl**
* **1 TL Salz**
* **1 Pck. Backpulver**

FÜR DEN BELAG

* **250 g Pizzasoße**
* **2 rote Paprikaschoten, in Würfeln**
* **2 rote Zwiebeln, in Ringen**
* **400 g Tomaten, in Spalten**
* **200 g Feta, in Würfeln**
* **2 Peperoni, in Ringen**
* **Petersilie zum Garnieren**

1 | Den Backofen auf 200 °C Umluft vorheizen und 2 Bleche mit Backpapier belegen. Alle Zutaten für den Teig in den geben und **2 Min.** | verkneten. Den Teig halbieren und auf der bemehlten Arbeitsfläche zu 2 rechteckigen Fladen ausrollen. Die Fladen auf je 1 Backblech geben.

2 | Den Teig mit der Pizzasoße bestreichen, mit Paprika, Zwiebeln und Tomaten belegen. Mit Feta bestreuen und anschließend im heißen Ofen 10–15 Min. backen.

3 | Die gebackenen Pizzen aus dem Ofen nehmen, mit Peperoni belegen und mit Petersilie garniert servieren.

>**TIPP** Das Geheimnis unser Pizza ist ihr Teig. Wir bereiten ihn ohne Hefe zu, sodass ihr ihn nach dem Kneten im gleich auf das Blech geben könnt. Anschließend nur noch belegen und in den Ofen schieben. Diese Blitzpizza eignet sich also auch super für spontane Gäste.

Zucchini-Feta-Röllchen in Tomatensoße

00 45 std : min

LOW CARB LOW FAT

PRO PORTION: 381 KCAL | 23 G E | 25 G F | 18 G KH

ZUTATEN FÜR 4 PERSONEN

* **80 g Parmesan, in Stücken**
* **1 Zwiebel, halbiert**
* **2 Knoblauchzehen**
* **20 g Olivenöl**
* **1 EL Tomatenmark**
* **800 g stückige Tomaten (Dose)**
* **1 EL getrocknete italienische Kräuter**
* **Salz**
* **Pfeffer**
* **200 g Feta**
* **1 Ei**
* **3 Zucchini**

AUSSERDEM

* **Auflaufform (Ø ca. 26 cm oder 30×20 cm)**

1 | Parmesan in den geben, **10 Sek.** | **Stufe 10** zerkleinern und umfüllen. Zwiebel mit Knoblauch in den geben und **5 Sek.** | **Stufe 8** zerkleinern. Mit dem nach unten schieben. Öl mit Tomatenmark zufügen und **2 Min.** | **Stufe 1** | **120 °C** andünsten. Tomaten, Kräuter, 1 ½ TL Salz sowie 1 TL Pfeffer zugeben und **20 Sek.** | **Stufe 4** vermengen.

2 | Den Backofen auf 200 °C Ober-/Unterhitze vorheizen. Tomatensoße in der Auflaufform verteilen. Den spülen.

3 | Feta, 40 g Parmesan, Ei, ½ TL Salz sowie 3 Prisen Pfeffer in den und **20 Sek.** | **Stufe 3** verrühren. Die Enden der Zucchini abschneiden und das Gemüse längs in etwa 3 mm dünne Streifen schneiden. Mit etwas Salz bestreuen. Mit der Fetacreme bestreichen und eng einrollen. Zucchiniröllchen aufrecht in die Tomatensoße setzen und mit übrigem Parmesan bestreuen.

4 | Die Röllchen im heißen Ofen 25–30 Min. backen. Herausnehmen und servieren.

>**TIPP** Am einfachsten könnt ihr die Zucchini mit einem Sparschäler in dünne Scheiben hobeln. Verwendet auch gelbe Zucchini für die Röllchen, das sieht noch sommerlicher aus. Reste der Tomatensoße in der Form lassen sich super mit Brot auftunken.

Schnelle Tomatensuppe Greek Style

00 25 std : min

LOW CARB LOW FAT

PRO PORTION: 376 KCAL | 11 G E | 27 G F | 24 G KH

ZUTATEN FÜR 4 PERSONEN

* **1 rote Zwiebel, halbiert**
* **2 Knoblauchzehen**
* **30 g Olivenöl**
* **800 g stückige Tomaten (Dose)**
* **150 g Wasser**
* **2 TL Gemüse-Gewürzpaste**
* **50 g Bacon, in Stücken**
* **2 Scheiben Weißbrot, in Würfeln**
* **30 g Butter**
* **Blättchen von 5 Stielen Oregano zzgl. etwas zum Garnieren**
* **100 g Feta, in Stücken, zzgl. etwas zum Garnieren**

1 | Zwiebel und Knoblauch im **5 Sek.** | **Stufe 8** zerkleinern, mit dem nach unten schieben. Öl zufügen und **2 Min.** | **Stufe 1** | **120 °C** andünsten. Tomaten, Wasser sowie Gewürzpaste zufügen und ohne Messbecher **10 Min.** | **Stufe 2** | **100 °C** köcheln lassen, dabei den Kocheinsatz als Spritzschutz aufsetzen.

2 | Währenddessen Bacon in einer Pfanne ohne Fett anbraten und beiseitestellen. Die Brotwürfel mit Butter in der Pfanne von allen Seiten goldbraun rösten.

3 | Oregano in den geben, Messbecher einsetzen und die Suppe **45 Sek.** | **Stufe 8–10** ansteigend pürieren. Den Feta mit dem unterheben. Die Suppe in Schüsseln anrichten und mit Bacon, Brotwürfeln, Feta sowie Oregano bestreut servieren.

>**TIPP** Suppe im Sommer? Diese auf jeden Fall! Sie schmeckt frisch, fruchtig und ganz leicht, da sie ohne Sahne auskommt. Sie ist aber auch kalt sehr lecker. Dafür lasst sie nach dem ersten Schritt etwas abkühlen und stellt sie im 2–3 Std. kalt. Wieder ins Gerät setzen, pürieren, mit Bacon, Brot und Feta servieren.

Fotos: Anna Gieseler (2); Kathrin Knoll (1); StockFood/Gräfe & Unzer Verlag /Silvio Knezevic (1) /Addictive Stock (1) /Irina Meliukh (1); Windmühlenmesser (1)

RATGEBER

TOMATEN-CHECK

Rot, gelb, grün oder lila – schnappt euch die bunten Sommersorten und feiert ihre Aromen

IM TREND: LUXUS-„MOZZI“

Diesen Sommer verpassen wir Caprese und Spaghetti „Tomate Mozzarella“ ein Upgrade mit der Luxus-Version des milden Käses. Angesagt: Supersoften Burrata – also Mozzarella aus Büffelmilch – servieren wir auf frischen Salaten oder warmen Sommergerichten. Gebt eine Kugel je Person auf Pasta oder Risotto sowie auf Grillfleisch oder Grillgemüse, auf denen der edle Mozzarella herrlich schmilzt. Unbedingt ausprobieren!

Tomaten schneiden – so geht's viel besser!

Mit einem stumpfen Messer zerdrückt ihr die empfindlichen Früchte. Verwendet ein sehr scharfes Messer, um einen sauberen Schnitt zu erzielen. Am besten eignen sich übrigens Sägemesser mit Wellenschliff – probiert mal euer Brötchenmesser! Ein spezielles Tomatenmesser gibt's zum Beispiel von Windmühlenmesser für ca. 35 Euro.

Sägen statt drücken!

Traumduo Tomate & Zwiebel

Bunter Tomatensalat Für ein superschnelles und erfrischendes Abendessen oder eine Beilage zum Grillabend lieben wir die Kombi aus aromatischen Tomaten und knackigen Zwiebeln. Für eine eindrucksvolle, aber einfache Tomatenplatte beides in Scheiben bzw. Ringe schneiden und mit Vinaigrette oder Kräuterpesto beträufeln.

Bruschetta aus nur einer Tomate Für Bruschetta genügt schon eine große oder eine Handvoll kleiner Kirschtomaten. Diese sowie eine rote Zwiebel fein hacken und auf geröstetem Baguette, mit Pinienkernen, Kräutern, Olivenöl, Salz und Pfeffer verfeinert, servieren.

Basis REZEPT

PESTO ROSSO

Für 2 Gläser à 250 g:
50 g Pinienkerne in einer Pfanne rösten. 50 g Parmesan und 2 Knoblauchzehen im **15 Sek. | Stufe 10** zerkleinern, Pinienkerne zufügen und **6 Sek. | Stufe 8** zerkleinern, alles umfüllen. 200 g getrocknete Tomaten in Öl (abgetropft) **10 Sek. | Stufe 10** zerkleinern, mit dem nach unten schieben. Parmesan-Mix, 150 g Öl, 1 TL Meersalz und 1 Prise Pfeffer zufügen, **20 Sek. | Stufe 6** mixen. In Gläsern 4 Wochen haltbar.

Sensationelle SPAGHETTISALATE

Spaghetti sind eine echte Überraschung im Nudelsalat und sorgen beim Grillabend für Furore. Die Salate sind schnell vorbereitet und schmecken gut durchgezogen am besten

Rezepte: Elisa Schilling | Fotos & Styling: Anna Gieseler

EASY ABMESSEN
Verwendet den Messbecher auch, um 20–100 ml Flüssigkeit abzumessen. Für diesen Salat gießt ihr daraus Olivenöl und Balsamico einfach in den Mixtopf.

Italienischer Spaghetti-Schichtsalat

00:20 std : min

LOW CARB LOW FAT

PRO PORTION: 934 KCAL | 28 G E | 46 G F | 107 G KH

ZUTATEN FÜR 4 PERSONEN

- **Salz**
- **500 g Spaghetti**
- **100 g Parmesan, in Stücken**
- **300 g getrocknete Tomaten in Öl, abgetropft**
- **100 g grüne Oliven, entsteint**
- **1 Knoblauchzehe**
- **80 g Olivenöl**
- **90 g dunkler Balsamicoessig**
- **2 TL getrocknete italienische Kräuter**
- **½ TL Pfeffer**
- **200 g Cocktailtomaten, halbiert**
- **75 g Rucola**
- **50 g Pinienkerne**

1 In einem großen Topf reichlich Salzwasser zum Kochen bringen und die Spaghetti darin al dente garen.

2 Inzwischen den Parmesan in den Mixtopf geben und **10 Sek. | Stufe 10** zerkleinern. Umfüllen und beiseitestellen.

3 Getrocknete Tomaten, Oliven und Knoblauch in den Mixtopf geben, **5 Sek. | Stufe 8** zerkleinern. Mit dem Spatel nach unten schieben. Öl, Balsamicoessig, Gewürze sowie 1 TL Salz zufügen und **30 Sek. | Stufe 4** vermengen.

4 Die Spaghetti abgießen, kalt abschrecken und in einer großen Salatschüssel mit der Oliven-Mischung vermengen. Parmesan, frische Tomaten, Rucola und Pinienkerne darüberschichten. Den Salat bis zum Servieren kalt stellen.

> TIPP Die Pinienkerne könnt ihr nach Belieben vorab in einer Pfanne ohne Zugabe von Fett rösten.

Schmeckt am nächsten Tag doppelt so gut

Der Absolute-Renner-Spaghettisalat mit Curry

00 20
std : min

LOW CARB LOW FAT

PRO PORTION: 762 KCAL | 18 G E | 23 G F | 125 G KH

ZUTATEN FÜR 4 PERSONEN

- ★ **Salz**
- ★ **500 g Spaghetti**
- ★ **1 cm Ingwer**
- ★ **3 rote Paprikaschoten, in Stücken**
- ★ **80 g Zucker**
- ★ **80 g Öl**
- ★ **80 g Zitronensaft**
- ★ **20 g Sojasoße**
- ★ **5 TL Currypulver**
- ★ **2 Prisen Pfeffer**
- ★ **45 g Frühlingszwiebeln, in Ringen**

1 | In einem großen Topf reichlich Salzwasser zum Kochen bringen und die Spaghetti darin al dente garen.

2 | Inzwischen Ingwer in den Mixtopf geben und **2 Sek. | Turbo** zerkleinern. Mit dem Spatel nach unten schieben. Paprika zufügen und **3 Sek. | Stufe 5** zerkleinern. Zucker, Öl, Zitronensaft, Sojasoße, Curry, Pfeffer sowie ½ TL Salz zugeben und **10 Sek. | ↺ | Stufe 3** vermengen.

3 | Die Spaghetti abgießen, kalt abschrecken und mit der Soße sowie Frühlingszwiebeln vermengen. Bis zum Servieren kalt stellen.

>TIPP Bereitet den Salat ganz entspannt am Vortag zu. Über Nacht haben die Zutaten genug Zeit, um ihren vollen Geschmack zu entfalten.

PASTA, ABER PRONTO!

Wir kochen die Spaghetti für Salate im großen Kochtopf, dann ist der Mixtopf frei fürs Dressing. Beachtet bei der Wahl der Spaghetti immer die Packungsangabe, kocht sie al dente und gießt sie durch den Dampfgarer ab. Am besten schreckt ihr die Pasta ab, damit sie nicht weitergart und das Dressing gut annimmt.

ZERO WASTE

Für diesen Nudelsalat verwenden wir eine ganze Fleischwurst, eine ganze Packung Spaghetti sowie ganze Paprikaschoten, außerdem Gewürzgurken, Tomaten und Mayonnaise aus dem Glas bzw. aus der Dose. Die Zutaten könnt ihr gut bevorraten und den Salat so auch ganz spontan zubereiten.

All-in-Spaghettisalat ohne Reste

00 20
std : min

LOW CARB LOW FAT

PRO PORTION: 963 KCAL | 31 G E | 44 G F | 113 G KH

ZUTATEN FÜR 4 PERSONEN

- ★ **Salz**
- ★ **500 g Spaghetti**
- ★ **1 Knoblauchzehe**
- ★ **20 g Petersilienblättchen**
- ★ **360 g Gewürzgurken (Glas), abgetropft**
- ★ **165 g gegrillte Paprikaschoten (Glas), abgetropft**
- ★ **400 g stückige Tomaten (Dose)**
- ★ **250 g Mayonnaise, z.B. „Miracel Whip“**
- ★ **2 EL Tomatenmark**
- ★ **1 TL mittelscharfer Senf**
- ★ **½ TL Pfeffer**
- ★ **400 g Fleischwurst, in Stücken**

1 | In einem großen Topf reichlich Salzwasser zum Kochen bringen und die Spaghetti darin al dente garen.

2 | Inzwischen Knoblauch mit Petersilie in den [Mixtopf] geben und **5 Sek. | Stufe 8** zerkleinern. Mit dem [Spatel] nach unten schieben. Gurken mit Paprikaschoten zufügen und **3 Sek. | Stufe 6** zerkleinern. Restliche Zutaten, bis auf die Fleischwurst, mit 1 TL Salz zugeben und **10 Sek. | Stufe 3** vermengen.

3 | Die Spaghetti abgießen und abschrecken. Alle Zutaten in einer großen Salatschüssel vermengen und abschmecken. Den Salat bis zum Servieren kalt stellen.

TERIYAKI-GEHEIMNIS

Das Dressing für den asiatischen Salat sorgt für den besonderen Geschmack. Wir dünsten dafür Sesam, Knoblauch, Ingwer, Chili und Limettensaft in Sesamöl an. Die Zubereitung dauert nur 5 Minuten! Lasst den Salat gut durchziehen, damit die Pasta den Geschmack gut aufnimmt.

Teriyaki-Spaghettisalat

00 20 std : min

LOW CARB LOW FAT

PRO PORTION: 648 KCAL | 21 G E | 12 G F | 119 G KH

ZUTATEN FÜR 4 PERSONEN

- **Salz**
- **500 g Spaghetti**
- **30 g Sesam zzgl. etwas zum Garnieren**
- **20 g Sesamöl**
- **1 Knoblauchzehe**
- **30 g Ingwer, in Stücken**
- **½ rote Chilischote, halbiert und entkernt**
- **80 g Sojasoße**
- **Saft von 1 Limette**
- **10 g Zucker**
- **2 rote Paprikaschoten, in Stiften**
- **3 Karotten, in Stiften**
- **Koriander zum Garnieren**

1 | In einem großen Topf reichlich Salzwasser zum Kochen bringen und die Spaghetti darin al dente garen.

2 | Inzwischen für die Soße den Sesam mit 10 g Sesamöl in den geben und ohne Messbecher **2 Min. | Stufe 1 | 120 °C** andünsten.

3 | Knoblauch, Ingwer sowie Chilischote in den geben, mit Messbecher **5 Sek. | Stufe 8** zerkleinern und mit dem nach unten schieben. Restliches Sesamöl, Sojasoße, Limettensaft sowie Zucker zugeben und ohne Messbecher **4 Min. | Stufe 1 | 120 °C** köcheln lassen.

4 | Spaghetti abgießen und kalt abschrecken. Anschließend mit Teriyakisoße und Gemüse vermengen, bis zum Servieren kalt stellen. Mit Koriander und Sesam garniert servieren.

MINI-SERIE

Basics, die wir lieben

Kartoffeln sind superlecker und lassen sich im Monsieur einfach zubereiten. Im Dampfgarer könnt ihr große Mengen für viele garen und spart beim Grillabend sogar Zeit.

DIESES MAL: KARTOFFELN

Pellkartoffeln aus dem Dampfgarer

Für 6 Personen: 1500 g festkochende Kartoffeln gründlich waschen und ungeschält im Kocheinsatz sowie Dampfgaraufsatz verteilen. 1000 g Wasser mit 1 TL Salz in den geben, den Dampfgaraufsatz aufsetzen und die Kartoffeln **30 Min.** | garen. Nach Belieben mit Kräuterquark, Paprikadip oder anderen Beilagen servieren.

>VERWENDUNG Sie sind eine großartige Beilage zu gegrilltem Fleisch und Fisch. Ihr könnt sie für Kartoffelsalat, Gratins oder Bratkartoffeln verwenden.

>TIPP Ritzt ihr die Kartoffeln vorher ein, lassen sie sich besser pellen.

Kumpir aus dem Dampfgarer

Für 6 Personen: 1000 g Wasser mit 1 TL Salz in den geben. 6 große mehligkochende Ofenkartoffeln gründlich waschen und ungeschält in den Dampfgaraufsatz legen. Diesen verschließen und die Kartoffeln **45 Min.** | garen. Anschließend aufschneiden, das Innere mit einer Gabel etwas auflockern und mit Butter sowie geriebenem Käse vermengen. Nach Belieben mit Kräuterquark, Salat, Fleisch, Schafskäse und Soßen verfeinern.

>VARIANTE Probiert Kumpir auch mit Süßkartoffeln. Da diese von der Größe sehr unterschiedlich sein können, wählt kleinere Exemplare (à ca. 200 g) aus. Die Garzeit im Dampfgaraufsatz bleibt gleich.

Folienkartoffeln vom Grill

Für 6 Personen: 1000 g Wasser mit 1 TL Salz in den füllen. 1200 g vorwiegend festkochende große Kartoffeln gründlich waschen und ungeschält in den Dampfgaraufsatz legen, diesen verschließen. Dampfgaraufsatz aufsetzen und die Kartoffeln **20 Min.** | vorgaren. Anschließend Kartoffeln einzeln oder zusammen in Folie wickeln und 10–15 Min. grillen.

>GAR-TIPP Legt die Folienkartoffeln direkt in die Glut. So bekommen sie die ideale Hitze zum Garen.

>INFO Rohe Kartoffeln benötigen bis zu 1 Std. auf dem Grill. Vorgekocht garen sie in einem Viertel der Zeit fertig.

>SORTEN Festkochende Kartoffeln behalten ihre feste Konsistenz, sie eignen sich für Pellkartoffeln und Salate. Vorwiegend festkochende behalten ihre Form, werden aber innen weich – ideal für Folienkartoffeln oder Puffer. Mehligkochende Kartoffeln zerfallen beim oder nach dem Garen und sind daher für Kumpir und Suppen perfekt.

SIND NOCH RESTE ÜBRIG?

Mit diesen Ideen wird's doppelt lecker:

#1 Dip Übrige Kartoffeln mit etwas Pesto und Wasser im **20 Sek.** | **Stufe 4** cremig verrühren. Als Brotaufstrich oder als Dip zu gegrilltem Fleisch und Rohkost verwenden.
#2 Smashed Potatoes Kartoffeln auf ein Blech legen, flach drücken, mit etwas Öl beträufeln, salzen und mit Gouda bestreuen. Im Ofen ca. 20 Min. bei 200 °C Ober-/Unterhitze backen.
#3 Kross überbacken Reste eignen sich wunderbar zum Überbacken von Fisch und Fleisch.

Fotos: Adobe Stock/azoka303030 (1); Jorma Gottwald (1); StockFood/Johner (1)/für ZS Verlag/Anke Schütz (1)

Saison ERLEBEN

Unsere Neuentdeckungen sorgen für Abwechslung in euren Küchen

Schon seit 1934 ernten die Salzbauern in der französischen Camargue **natürliches Meersalz**. *Seitdem gibt es das Salz als grobes oder gemahlenes Produkt mit dem intensiven Geschmack. www.labaleine.de*

CLEVERE KERAMIK VOM FEINSTEN

Wir lieben smarte Küchenhelfer und diese gehören auf jeden Fall dazu. Die waldgrünen Keramik-Auflaufformen von Peugeot sind durchdacht: Die verglaste Emaille-Oberfläche sorgt für langlebigen Glanz und abriebfeste Farbe, breite Handgriffe geben besten Halt beim Tragen, abgerundete Ecken erleichtern das Servieren sowie Reinigen und die unterschiedlichen Größen der Serie lassen sich platzsparend stapeln. Ab ca. 20 Euro, de.peugeot-saveurs.com

KREATIVER KOCHEN

Verleiht euren Salaten, Röstgemüse-Soßen, Pizzen, Dips, Suppen und eurem Grillfleisch mit den Profi-Gewürzen von Wiberg besondere Aromen. www.wiberg.eu

Prickelndes la dolce vita!

Das italienische Lebensgefühl lässt sich bei den steigenden Temperaturen auch bei uns zu Lande wieder genießen. Jetzt ist Zeit, darauf anzustoßen – in geselliger Runde auch gern mit einem eisgekühlten, alkoholfreien Prosecco. Der italienische Mionetto schmeckt übrigens auch herrlich auf Eis oder Fruchtsorbet – probiert ihn zum Beispiel auf selbst gemachtem Orangen- oder Mangosorbet! Ca. 10 Euro, www.mionetto.com

Fotos: La Baleine (2); Peugeot (1); Wiberg (2); Scavi (1); Sweet Family (1)

Grillsoßen mal anders

Ob zu gegrilltem Halloumi, Fisch, Gemüsespießen, Steak oder Hähnchen – wir servieren hausgemachte Grillsoßen. Damit sie schnell gemixt sind, verwenden wir gern den „1-2-3 Fruchtaufstrich"-Zucker von Sweet Family, denn der muss nicht gekocht, sondern nur kurz mit Früchten nach Wahl püriert werden. Ab Mai gibt's den schnellen Helfer im Vorteilspack mit 25 % mehr Inhalt zum gleichen Preis! www.sweet-family.de

Ein Glas Gutes am Tag für die eigene Gesundheit

Gesunde Ernährung heißt eigentlich, jeden Tag drei bis fünf Portionen Obst und Gemüse verzehren, möglichst keine leeren Kohlenhydrate essen und Stress minimieren. Hand aufs Herz – schafft ihr das? Damit wir rundum gut versorgt sind und das ohne Mühe, empfiehlt LaVita, ganz einfach täglich ein Glas des eigens zur Rundumversorung entwickelten Mikronährstoffkonzentrats zu trinken. Aber was ist drin? Insgesamt sind es tatsächlich über 70 Inhaltsstoffe – und die sind Natur pur! Das Produkt enthält über 30 Obst- und Gemüsesorten, mehr als 20 kaltgepresste Kräuter sowie Ballaststoffe und Mikronährstoffe, pflanzliche Öle, Aminosäuren und mehr – alles in einem Konzentrat.

Voller Fokus

Gut zu wissen: LaVita stellt tatsächlich nur dieses eine Produkt her und ihr könnt es ausschließlich dort direkt bestellen. Damit sorgt LaVita dafür, dass das wertvolle Konzentrat immer so schnell wie möglich nach der Bestellung frisch bei euch ankommt, ganz ohne Zwischenstation. Alle weiteren Informationen findet ihr unter www.lavita.com

JETZT STARTEN

Die 500-ml-Einzelflasche à 50 Euro enthält 50 Portionen. Für den Start empfiehlt sich das 3er-Set als 75-Tage-Kur mit 2 Portionen täglich.

Am Sonntag, dem 12. Mai ist Muttertag! Idee: Verschenkt ein hübsches Kissen, dessen Blumendesign garantiert lange frisch bleibt. Schöne Muster unter www.textilwerk.de

HERZLICHEN GLÜCKWUNSCH ZU 100 JAHREN!

Uns begleitet der Kaffee von Eduscho schon so lange wir denken können und er bringt mit seiner Geschmacksvielfalt immer besten Kaffeegenuss in die Tasse. Nun feiert die seit 1924 beliebte Marke ihren 100. Geburtstag. Mild, kräftig, Fairtrade, Espresso oder Caffè Crema – aktuell könnt ihr gleich 12 verschiedene Sorten entdecken. Mehr Informationen über alle Röstungen, Geschmacksprofile und Intensitäten findet ihr unter www.eduscho.de

KÜHLER SNACK FÜR ZWISCHENDURCH

Eisgekühlte Joghurt-Häppchen liegen aktuell im Trend. Und so gelingen die Frozen-Chocolate-Bites: Vermischt etwa 3 Kugeln oder 90 g angetautes Cremissimo „Erdbeer-Baiser" mit 200 g klein geschnittenen Erdbeeren und 50 g Blaubeeren. Setzt die Masse in Häufchen auf ein Blech und friert sie 25 Minuten ein. Inzwischen 100 g Zartbitterschokolade **8 Sek. | Stufe 8** zerkleinern. Mit 10 g Kokosfett im **4 Min. | Stufe 2 | 50 °C** schmelzen. Die Fruchtbites darin wälzen, mit gehackten Pistazien bestreuen und erneut 20 Minuten einfrieren. Eiskalt genießen! Viele neue Sorten und mehr Eis-Ideen unter www.cremissimo.de

So zieht der Sommer ein! Das neue Design „Summer" der beliebten Porzellanserie „Hammershoj" von Kähler ziert Tassen, Gläser und Schalen mit Sonnenblumen, Erdbeeren, Vergissmeinnicht, Schwalben und Spatzen. www.rosendahl.com

Endlich ist es da! Unser druckfrisches Basis Kochbuch für den Monsieur Cuisine. Ihr findet es ab sofort überall im Buchhandel – und das macht uns mächtig stolz!

MACHT SCHON MAL DEN MONSI AN …

… denn mit unserem neuen Grundlagenwerk findet garantiert jeder einen Anfang mit seinem Zaubertopf. Habt ihr euch die smarte Küchenmaschine vielleicht gerade erst gekauft und habt keine Lust die Anleitung zu lesen oder der Monsieur steht schon länger in der Küche aber ihr seid noch nicht so richtig durchgestartet?

DANN LASST UNS LOSLEGEN!

Dann ist unser Basis Kochbuch genau das, was ihr braucht. Wie ihr eure Zubehöre und all die smarten Funktionen im Alltag wirklich effizient nutzt, erfahrt ihr in praktisch unterteilten Rubriken. Einfache, leckere Rezeptideen für das ganze Jahr begleiten euch durch die Wochen und liefern auch Anregungen für die besonderen Momente wie Feste und Feiertage. Jetzt für 24,90 Euro unter www.zaubertopf-shop.de

Fotos: LaVita (2); textilwerk (1); Eduscho (1); Cremissimo (1); Kähler / Rosendahl (2)

SCHOKO *trifft* BANANE

Das altbekannte Dream-Team feiern wir mit fünf neuen Ideen. So erlebt ihr klassisches Bananensplit und Maulwurfkuchen jetzt erfrischend anders

Rezepte: Elisa Schilling & Vera Schubert

Maulwurf-Rolle
Rezept siehe Seite 28

Schoko-Bananen-Tarte
Rezept siehe Seite 32

SMARTE TARTE

Fruchtige Bananenscheiben verstecken sich unter einer seidigen Schokoladencreme. Während der Frischteigboden im Ofen vorbackt, stellt ihr die Creme im her. Die Tarte eignet sich sehr gut zum Vorbereiten.

Fotos: Sandra Leibinger (1); Anna Gieseler (1)

Saftig? LIEBEN WIR!

Maulwurf-Rolle

00:35 std : min

PRO PORTION: 312 KCAL | 8 G E | 18 G F | 31 G KH

ZZGL. 1 STD. 30 MIN. RUHEZEIT

ZUTATEN FÜR 10 STÜCKE

FÜR DEN TEIG
- **5 Eier**
- **100 g Zucker zzgl. etwas zum Bearbeiten**
- **1 EL selbst gemachter Vanillezucker**
- **1 Prise Salz**
- **100 g Weizenmehl 405**
- **50 g Kakaopulver**
- **½ Pck. Backpulver**

FÜR DIE FÜLLUNG
- **50 g Vollmilchschokolade, in Stücken**
- **400 g Sahne**
- **20 g Puderzucker**
- **2 TL selbst gemachter Vanillezucker**
- **2 Pck. Sahnesteif**
- **2 Bananen, in Stücken**

1 | Ofen auf 180 °C Ober-/Unterhitze vorheizen. Ein Blech mit Backpapier belegen. Den Rühraufsatz in den einsetzen.

2 | Eier, Zucker, Vanillezucker und Salz in den geben, **6 Min. | Stufe 3 | 37 °C** schlagen. Mehl mit Kakaopulver sowie Backpulver mischen, zufügen und **5 Sek. | Stufe 4** unterheben. Rühraufsatz entfernen und mithilfe des die Mehlmischung noch etwas unterheben.

3 | Teig auf das vorbereitete Backblech geben und glatt streichen. Dann im heißen Ofen 8–10 Min. backen. Den und den Rühraufsatz spülen. Ein sauberes Geschirrtuch mit 2 EL Zucker bestreuen. Den Biskuit aus dem Ofen nehmen und vorsichtig auf das Geschirrtuch stürzen. Backpapier abziehen und den Biskuit mit dem Tuch locker aufrollen. Vollständig auskühlen lassen.

4 | Für die Füllung die Schokolade in den geben, **5 Sek. | Stufe 7** hacken, umfüllen. Rühraufsatz einsetzen, Sahne in geben und ohne Zeiteinstellung **Stufe 4** unter Sichtkontakt steif schlagen. Dabei Puderzucker, Vanillezucker und Sahnesteif zufügen und bis zur gewünschten Festigkeit weiterschlagen. Schokolade unterheben und 3–4 EL der Sahne beiseitestellen.

5 | Abgekühlten Biskuit vorsichtig entrollen. Jeweils 3 cm an den Seiten abschneiden und diese zerbröseln. Bananen unter die Sahne heben und diese auf dem Biskuit verteilen. Biskuit wieder aufrollen. Mit der restlichen Sahne einstreichen, mit den Kuchenbröseln bestreuen und die Brösel vorsichtig festdrücken. Die Maulwurf-Rolle bis zum Verzehr kalt stellen.

>TIPP Lasst den fertig gebackenen Biskuitteig vollständig abkühlen, bevor ihr ihn mit der Füllung bestreicht. Ein warmer Biskuit lässt die Sahne schmelzen.

ODER ALS BLECHKUCHEN
Ihr wollt eine größere Portion backen oder die Biskuitrolle erscheint euch zu aufwendig? Dann probiert unseren beliebten Maulwurfkuchen vom Blech. Das Rezept findet ihr in der **ZauberMix App**.

Oatmeal-Banana-Bread mit Schoko-Chunks

00:50 std : min

PRO PORTION: 194 KCAL | 5 G E | 6 G F | 31 G KH

ZUTATEN FÜR 12 SCHEIBEN

- **180 g Haferflocken**
- **4 sehr reife Bananen, in Stücken**
- **2 Eier**
- **50 g Ahornsirup zzgl. 2 TL zum Beträufeln**
- **50 g Pflanzendrink**
- **1 TL Backpulver**
- **½ TL gemahlener Zimt**
- **175 g Chocolate-Chunks**

AUSSERDEM
- **Kastenform (25 cm Länge)**

1 | Den Backofen auf 180 °C Ober-/Unterhitze vorheizen. Die Kastenform mit einem Bogen Backpapier auskleiden.

2 | Die Hälfte der Haferflocken in den geben und **15 Sek. | Stufe 10** mahlen. Restliche Haferflocken, 3 ½ Bananen, Eier, 50 g Ahornsirup, Pflanzendrink, Backpulver sowie Zimt zufügen und **20 Sek. | Stufe 6** pürieren.

3 | Die Schoko-Chunks mit dem unterheben und den Teig in die Kastenform füllen. Die übrige Bananenhälfte in Scheiben schneiden und leicht in die Oberfläche drücken. Das Bananenbrot im heißen Ofen ca. 40 Min. backen.

4 | Brot aus dem Ofen nehmen, die Oberfläche sofort mit 2 TL Ahornsirup bepinseln. Das Brot vollständig abkühlen lassen, dann servieren.

>HALTBARKEIT Das Bananenbrot hält sich im Kühlschrank bis zu 5 Tage. Alternativ könnt ihr es in Scheiben geschnitten einfrieren und portionsweise entnehmen. So hält es bis zu 6 Monate und schmeckt aufgetaut wie frisch gebacken.

AUS VORRÄTEN

Für Bananenbrot verarbeitet ihr überreife Bananen zu Mus, das dem Teig seine Saftigkeit und den mild-süßen Geschmack verleiht. Statt Weizenmehl verwenden wir Haferflocken, die wir im zu Mehl pulverisieren.

Fotos: Désirée Peikert (1); Tina Bumann (1)

Schoko-Bananen-Torte mit „Nutella"-Ganache

01 | 20 std : min

PRO PORTION: 410 KCAL | 11 G E | 20 G F | 46 G KH

ZZGL. 4 STD. RUHEZEIT

ZUTATEN FÜR 12 STÜCKE

FÜR DEN TEIG
- **100 g Zucker**
- **3 Eier**
- **60 g Wasser**
- **90 g Weizenmehl Type 405**
- **35 g Stärke**
- **25 g Kakaopulver**
- **½ TL Backpulver**

FÜR DEN BELAG UND DIE CREME
- **3 EL „Nutella"**
- **4 Bananen, längs halbiert**
- **Saft von 1 Zitrone**
- **400 g Sahne**
- **2 Pck. Sahnesteif**
- **500 g Quark**
- **50 g Zucker**
- **2 TL selbst gemachter Vanillezucker**

FÜR DIE GANACHE
- **100 g Sahne**
- **250 g „Nutella"**

AUSSERDEM
- **Springform (Ø 26 cm)**
- **Tortenring (Ø 26 cm)**

1 | Den Backofen auf 160 °C Umluft vorheizen. Die Springform am Boden mit Backpapier auslegen. Für den Teig Zucker in eine Schüssel einwiegen und beiseitestellen. Den Rühraufsatz einsetzen. Eier und Wasser in den geben und **1 Min. | Stufe 4** schaumig schlagen, dabei den Zucker langsam durch die Deckelöffnung einrieseln lassen. Masse sollte schön cremig sein und glänzen, ggf. weiter schaumig schlagen.

2 | Mehl, Stärke, Kakao und Backpulver zufügen, **10 Sek. | Stufe 3** untermengen. Rühraufsatz entnehmen, übrige Mehlspitzen mit dem unterheben. Teig in die Springform geben, auf der untersten Schiene 35–40 Min. backen. Auf einem Kuchengitter ca. 2 Std. vollständig auskühlen lassen. und Rühraufsatz spülen.

3 | Biskuit aus der Springform lösen, auf eine Tortenplatte setzen und einen Tortenring darumlegen. 3 EL „Nutella" auf dem Boden verstreichen. Halbierte Bananen mit Zitronensaft beträufeln und auf dem Boden verteilen.

4 | Für die Creme den Rühraufsatz einsetzen. Sahne und Sahnesteif in den geben und ohne Zeiteinstellung **Stufe 4** unter Sichtkontakt steif schlagen. Umfüllen. Quark mit Zucker sowie Vanillezucker in den geben und **15 Sek. | Stufe 4** vermengen. Die Sahne unterheben. Quarkcreme auf die Bananen geben und glatt streichen. Mind. 30 Min. kalt stellen.

5 | Für die Ganache Sahne und „Nutella" in den geben, **3 Min. | Stufe 1 | 70 °C** erhitzen, sodass sich das „Nutella" auflöst. Dann **5 Sek. | Stufe 4** vermengen. Ganache etwas abkühlen lassen und, bevor sie fest wird, auf der Torte verteilen. Mind. 1–2 Std. kalt stellen. Tortenring lösen und die Torte servieren.

GANACHE WIE VOM PROFI

Die glänzende Ganache – eine weich bleibende Schokoladencreme, die üblicherweise aus Sahne und Schokolade hergestellt wird – besteht bei dieser Torte aus „Nutella" und Sahne. Im Monsieur gelingt die Ganache leicht, da Sahne und „Nutella" auf exakt 70 °C erwärmt werden, wobei sich die Zutaten zu einer Creme verbinden und garantiert nicht verbrennen.

Foto: BSH / Désirée Peikert (1); Archiv (1)

Wow-Effekt BEIM ANSCHNITT

Schoko-Bananen-Tarte

00 40 std : min

PRO PORTION: 329 KCAL | 4 G E | 18 G F | 39 G KH

ZZGL. 6 STD. RUHEZEIT

ZUTATEN FÜR 12 STÜCKE

- **Butter zum Fetten**
- **300 g Tarteteig aus dem Kühlregal (z. B. von Tante Fanny)**
- **200 g Zartbitterschokolade, in Stücken**
- **200 g Nougat**
- **100 g Sahne**
- **4 Bananen, längs halbiert**
- **Schokoladenspäne zum Garnieren**

AUSSERDEM

- **Tarteform (Ø 26 cm)**

1 Den Backofen auf 180 °C Ober-/Unterhitze vorheizen. Die Form mit etwas Butter einfetten. Den Teig in die Form geben, am Rand festdrücken und ca. 25 Min. backen. Aus dem Ofen nehmen und vollständig auskühlen lassen.

2 Für die Füllung Schokolade mit Nougat in den Mixtopf geben und **15 Sek. | Stufe 8** hacken. Mit dem Spatel nach unten schieben. Sahne zugeben und **6 Min. | Stufe 1 | 50 °C** schmelzen lassen.

3 Bananen gleichmäßig auf dem Boden verteilen. Die Schokocreme darübergeben und glatt streichen. Für mind. 6 Std. kalt stellen. Die Tarte mit Schokoladenspänen garniert servieren.

>TIPP Für Extra-Crunch 30 g Bananenchips im Mixtopf **3 Sek. | Stufe 7** zerkleinern und als Topping auf die Tarte streuen.

Coole VARIANTE

Bananensplit-Nicecream

00 05 std : min

PRO PORTION: 288 KCAL | 4 G E | 7 G F | 54 G KH

ZUTATEN FÜR 4 PORTIONEN

- **80 g Zartbitterschokolade (mind. 60 %), in Stücken**
- **500 g überreife gefrorene Bananen, in Scheiben**
- **50 g Pflanzendrink**
- **2 reife Bananen, in Scheiben**

1 Die Schokolade in den Mixtopf geben und **8 Sek. | Stufe 8** zerkleinern. Umfüllen.

2 Die gefrorenen Bananenscheiben in den Mixtopf geben, **15 Sek. | Stufe 8** zerkleinern und mit dem Spatel nach unten schieben. Pflanzendrink zufügen und **20 Sek. | Stufe 4** cremig rühren.

3 Schokolade zugeben und **5 Sek. | Stufe 4** unterrühren. Die Nicecream in Schüsseln anrichten und mit den Bananenscheiben garniert servieren.

RATGEBER

5 FRAGEN, 5 ANTWORTEN

Ihr habt Fragen zur Verwendung des Monsieur? Ob über Instagram, Facebook, YouTube oder **ZauberMix** – stellt sie mir!

Welche Temperatur nehme ich wofür?

Für ein optimales Ergebnis ist die Temperatur sehr wichtig. Verwende für Hefeteige 37 °C zum Gehenlassen. Butter oder Schokolade schmelzen bei 40–60 °C sanft und ohne anzubrennen. Speisen erwärmst du bei 70–85 ° C, während eine Temperatur von 90–100 °C ideal zum Garen von Speisen ist. Zum Dämpfen empfehle ich 120 °C.

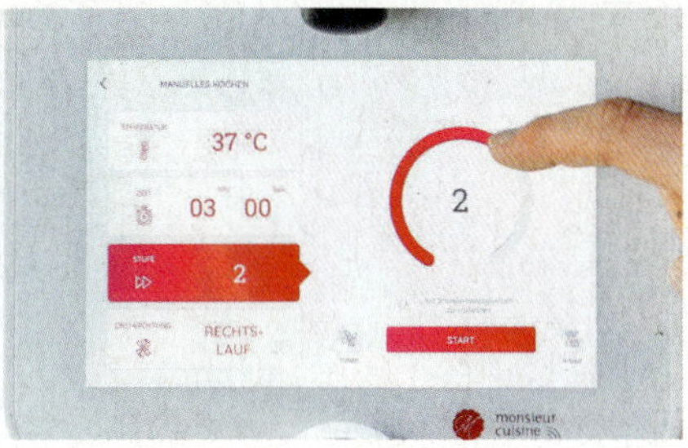

Wie gelingt mein Rührteig saftiger?

Jeder Ofen backt anders, deshalb geben wir oft eine Zeitspanne an. Ich empfehle dir, 5 Minuten vor Ende der Backzeit eine Garprobe zu machen. Dafür ein Holzstäbchen in die Kuchenmitte stechen und herausziehen. Ist das Stäbchen trocken, ist der Kuchen fertig. Bleibt Teig haften, verlängere die Backzeit in 5-Minuten-Schritten.

Wie viel Mehl kann ich im Mixtopf für Brot verkneten?

Du kannst im smart bis zu 1 kg und im connect bis zu 500 g Mehl im zubereiten. Es kommt aber auch auf die Festigkeit des Teigs an. Festere Teige eventuell noch kurz per Hand weiterkneten. Wenn du ein Rezept mit einer größeren Mehlmenge hast, bereite den Teig in zwei Portionen nacheinander zu.

Scan mich!

Kommt in unsere **Facebook-Gruppe** und tauscht euch mit uns und anderen Fans aus!

Welche Salate lassen sich zum Grillen vorbereiten?

Ich empfehle dir sogenannte „Über-Nacht-Salate". Dazu gehören Klassiker wie Kartoffel-, Kraut- und Nudelsalate. Alle Spaghettisalate ab Seite 16 eignen sich übrigens perfekt, da sie durch die Ziehzeit im Kühlschrank über Nacht sogar noch besser werden. Auch Getreide- und Hülsenfruchtsalate sind gut geeignet. Mein Tipp: Bereite vom Dressing etwas mehr zu, sodass du vor dem Servieren noch etwas unterheben kannst. Gib auch grüne Salatblätter oder frische Kräuter erst kurz vor dem Servieren dazu.

Welchen Spatel verwende ich wofür?

Verwende den Original-, um den Kocheinsatz aus dem zu heben und auch, wenn der beim Zerkleinern zu Hilfe genommen werden soll. Die Manschette verhindert, dass der das Messer berührt. Um Flüssiges aus dem zu schaben, eignen sich deutlich flexiblere Silikon-Spatel. Mit dem Drehkellenspatel gelangst du exakt zwischen die Klingen und holst Dips aus dem. Meine Favoriten gibt's hier: www.zaubertopf-shop.de

Fotos: Sandra Leibinger (1); Archiv (4); Tina Bumann (1); Anna Gieseler (1)

ALL IN ONE

Paprika-Power

Doppelt smart: Wir kochen Mittagsgerichte mit einem Dreierpack roter oder bunter Paprikaschoten und benötigen ausschließlich Mixtopf, Kocheinsatz und Dampfgarer

Rezepte: Elisa Schilling | Fotos & Styling: Tina Bumann

Knobi-Kartoffelstampf mit 3-Paprika-Ratatouille

00 35 std : min

LOW CARB LOW FAT

PRO PORTION: 449 KCAL | 8 G E | 27 G F | 45 G KH

ZUTATEN FÜR 4 PERSONEN

FÜR DAS RATATOUILLE
- ★ **2 Knoblauchzehen**
- ★ **80 g Olivenöl**
- ★ **1 EL Tomatenmark**
- ★ **1 TL getrocknete italienische Kräuter zzgl. etwas zum Garnieren**
- ★ **Salz**
- ★ **Pfeffer**
- ★ **3 Paprikaschoten (gelb, grün und rot), in Stücken**
- ★ **150 g Kirschtomaten**
- ★ **2 rote Zwiebeln, in Spalten**
- ★ **1 Zucchini, in Würfeln**

FÜR DEN STAMPF
- ★ **1000 g Wasser**
- ★ **800 g mehligkochende Kartoffeln, in Stücken**
- ★ **2 Knoblauchzehen**
- ★ **150 g Milch**
- ★ **25 g Butter**
- ★ **1 Prise Muskatnuss**

1 | Für das Ratatouille Knoblauch in den geben und **2 Sek. | Turbo** zerkleinern. Mit dem nach unten schieben. Olivenöl, Tomatenmark, Kräuter, 1 TL Salz sowie 2 Prisen Pfeffer zugeben und die Marinade **15 Sek. | Stufe 3** vermischen.

2 | Das Gemüse in einer Schüssel mit der Marinade vermengen. Den tiefen Dampfgaraufsatz mit Backpapier auslegen und das Gemüse hineinfüllen.

3 | Für den Stampf Wasser in den geben. Den Kocheinsatz einhängen und die Kartoffeln einwiegen. Dampfgaraufsatz geschlossen aufsetzen und die Zutaten **20 Min. |** garen.

4 | Den Dampfgaraufsatz absetzen, den Kocheinsatz mithilfe des entnehmen. Den leeren. Knoblauch in den geben und **2 Sek. | Turbo** zerkleinern. Mit dem nach unten schieben. Den Rühraufsatz in den einsetzen. Kartoffeln, Milch, Butter, 1 ½ TL Salz, 1 Prise Pfeffer sowie Muskat zugeben und **15 Sek. | Stufe 4** vermengen.

5 | Kartoffelstampf und das Ratatouille-Gemüse auf Tellern anrichten und mit Kräutern garniert servieren.

MARINIEREN IM DAMPFGARER

Für unser Ratatouille würzen wir die Paprika-, Tomaten-, Zucchini- und Zwiebelstücke mit selbst gemachter Marinade. Damit diese während des Dampfgarens nicht auf die Kartoffeln im Kocheinsatz tropft, legen wir den tiefen Dampfgaraufsatz mit Backpapier aus. Achtet hier auch darauf, dass dennoch Wasserdampf aufsteigen kann, damit das Gemüse gart.

Foto: Archiv (1)

Gyros mit 3-Paprika-Reis

00 45 std : min

LOW CARB LOW FAT

PRO PORTION: 739 KCAL | 37 G E | 36 G F | 71 G KH

ZUTATEN FÜR 4 PERSONEN

- ★ 200 g Langkornreis
- ★ 1200 g Wasser
- ★ 2 TL Gemüse-Gewürzpaste
- ★ 1 TL Öl
- ★ 250 g Karotten, in Scheiben
- ★ 200 g Erbsen (TK)
- ★ 3 Paprikaschoten (gelb, grün und rot) in Streifen
- ★ Salz
- ★ Pfeffer
- ★ 600 g Schweinefleisch, in Streifen
- ★ 3 TL Gyrosgewürz
- ★ 100 g Sahne
- ★ 80 g Tomatenmark
- ★ 40 g Weizenmehl Type 405
- ★ 30 g Frühlingszwiebeln, in Ringen

1 | Den Reis in den Kocheinsatz einwiegen und unter fließendem Wasser gründlich abspülen. Kocheinsatz einsetzen. Wasser, Gewürzpaste und 1 TL Öl in den geben.

2 | Karotten, Erbsen sowie Paprika in den tiefen Dampfgaraufsatz geben und mit ½ TL Salz sowie Pfeffer würzen. Fleisch mit Gyrosgewürz vermengen und auf dem flachen Dampfgaraufsatz verteilen. Dampfgaraufsatz aufsetzen, verschließen und alles **22 Min.** | garen.

3 | Dampfgaraufsatz abnehmen, Kocheinsatz mithilfe des entnehmen und den leeren, dabei 400 g Garflüssigkeit auffangen.

4 | Garflüssigkeit, Sahne, Tomatenmark und Mehl in den geben und **5 Sek.** | **Stufe 6** vermengen. Dann **5 Min.** | **Stufe 3** | **100 °C** ohne Messbecher aufkochen.

5 | Gyros mit Gemüse, Reis und Soße auf Tellern anrichten und mit den Frühlingszwiebeln garniert servieren.

>TIPP Mit 600 g Fleisch und ca. 1 kg Gemüse aus dem Dampfgaraufsatz, 200 g Reis als Beilage aus dem Kocheinsatz und Tomaten-Sahne-Soße aus dem ist dies ein echter Sattmacher!

Basis REZEPT

SELBST GEMACHTES GYROSGEWÜRZ

Für 1 Glas à 200 ml 30 g grobes Meersalz, jeweils 3 TL getrocknetes Basilikum, getrockneten Thymian, Majoran, Oregano sowie 2 TL Paprikapulver mit 1 TL Koriandersamen, 2 TL braunem Zucker und 2 TL granulierter Zwiebel in den geben und **20 Sek.** | **Stufe 10** mahlen. Die Gewürzmischung in ein Schraubglas füllen und nach Bedarf verwenden.

Foto: Adobe Stock / deniskarpenkov (1)

Hähnchengeschnetzeltes mit Paprika-Trikolore

00 | 40 std : min

PRO PORTION: 422 KCAL | 41 G E | 22 G F | 15 G KH

ZUTATEN FÜR 4 PERSONEN

- ★ 1000 g Wasser
- ★ 1 TL Gemüse-Gewürzpaste
- ★ 600 g Hähnchenbrustfilet, in Streifen
- ★ 200 g Champignons, geviertelt
- ★ 3 Paprikaschoten (gelb, grün und rot), in Stücken
- ★ Salz
- ★ Pfeffer
- ★ Blättchen von 4 Stielen Petersilie zzgl. etwas zum Garnieren
- ★ 2 Schalotten
- ★ 20 g Butter
- ★ 200 g Sahne
- ★ 50 g trockener Weißwein
- ★ 30 g Weizenmehl Type 405

1 Wasser mit Gewürzpaste in den [Mixtopf] geben. Hähnchenbrustfilets in den tiefen Dampfgaraufsatz legen. Pilze mit Paprika auf dem flachen Dampfgaraufsatz verteilen. Mit je ½ TL Salz und Pfeffer würzen. Beides verschlossen aufsetzen und **15 Min.** | [Dampfgaren] garen. Dampfgaraufsatz abnehmen und warm halten. [Mixtopf] leeren, dabei 200 g Garflüssigkeit auffangen.

2 Petersilie in den [Mixtopf] geben und **5 Sek.** | **Stufe 8** zerkleinern. Schalotten in den [Mixtopf] geben und **5 Sek.** | **Stufe 8** zerkleinern. Mit dem [Spatel] nach unten schieben. Butter hinzufügen und **3 Min.** | **Stufe 1** | **100°C** dünsten. Garflüssigkeit, Sahne, Wein, Mehl, 1 ½ TL Salz sowie 4 Prisen Pfeffer in den [Mixtopf] geben und **3 Min.** | **Stufe 3** | **120°C** aufkochen.

3 Paprika sowie Champignons zufügen und weitere **3 Min.** | [Linkslauf] | **Stufe 1** | **120°C** garen. Die Soße mit dem Hähnchen vermengen und auf Tellern anrichten. Mit Petersilie garnieren und servieren.

KLASSIKER MAL FRUCHTIG

Um dem traditionellen Hähnchengeschnetzelten etwas fruchtige Frische und mehr Farbe zu verleihen, nutzen wir den Platz im flachen Dampfgaraufsatz, um gleich drei Paprikaschoten zusammen mit den Pilzen zu garen. Das Hähnchen belegt währenddessen den tiefen Dampfgaraufsatz. Die Zutaten brauchen insgesamt nur 30 Minuten. Aus der Garflüssigkeit stellen wir noch die Sahnesoße her.

Lachs in Paprika-Rahm-Soße

00 45 std : min

PRO PORTION: 825 KCAL | 39 G E | 41 G F | 76 G KH

ZUTATEN FÜR 4 PERSONEN

- ★ 50 g Parmesan, in Stücken
- ★ 1000 g Wasser
- ★ 800 g Gnocchi (Kühlregal)
- ★ 4 Lachsfilets (à ca. 125 g)
- ★ 2 EL Olivenöl zzgl. etwas zum Bestreichen
- ★ Salz
- ★ Pfeffer
- ★ 1 Knoblauchzehe
- ★ 1 Zwiebel, halbiert
- ★ 2 EL Tomatenmark
- ★ 3 Paprikaschoten (gelb, grün und rot), in Stücken
- ★ 200 g Sahne
- ★ 1 TL getrocknetes Basilikum
- ★ Basilikum zum Garnieren

1 Den Parmesan in den [Mixtopf] geben und **10 Sek. | Stufe 10** zerkleinern. Umfüllen und beiseitestellen.

2 Das Wasser in den [Mixtopf] geben. Gnocchi im tiefen Dampfgaraufsatz verteilen. Den flachen Dampfgaraufsatz mit Backpapier auslegen, dabei darauf achten, dass die seitlichen Dampfschlitze frei bleiben.

3 Die Lachsfilets auf dem flachen Dampfgaraufsatz verteilen, mit Öl bestreichen und mit je 2 Prisen Salz und Pfeffer würzen. Dampfgaraufsatz aufsetzen, verschließen und die Zutaten **20 Min.** | [Dampfgaren] garen. Den Dampfgaraufsatz abnehmen und warm halten. Den [Mixtopf] leeren.

4 Knoblauch und Zwiebel in den [Mixtopf] geben, **5 Sek. | Stufe 8** zerkleinern und mit dem [Spatel] nach unten schieben. 2 EL Öl mit Tomatenmark zugeben und **2 Min. | Stufe 1 | 120 °C** andünsten. Paprika zufügen und ohne Messbecher **3 Min. | [Linkslauf] | Stufe 1 | 120 °C** mitdünsten. Sahne, Basilikum, ½ TL Salz sowie 2 Prisen Pfeffer zugeben und **6 Min. | [Linkslauf] | Stufe 2 | 100 °C** köcheln lassen.

5 Lachs mit Gnocchi und Soße auf Tellern anrichten und mit Parmesan sowie Basilikum garniert servieren.

>TIPP Wenn Gäste kommen, serviert die Lachsfilets samt Soße in einer großen Auflaufform und reicht die Gnocchi als Beilage. Mit frischen Basilikumblättchen dekoriert sieht das einfache Gericht gleich richtig elegant aus.

Foto: Anna Gieseler (1)

Paprikatrio-Reis-Suppe

00 | 35 std : min

LOW CARB · LOW FAT

PRO PORTION: 627 KCAL | 24 G E | 32 G F | 65 G KH

ZUTATEN FÜR 4 PERSONEN

- ★ 500 g Suppengrün, in Stücken
- ★ 3 Paprikaschoten (gelb, grün und rot), in Würfeln
- ★ 400 g Bratwurst, in Scheiben
- ★ 250 g Parboiled Reis
- ★ 1800 g Wasser
- ★ 2 TL Gemüse-Gewürzpaste
- ★ 1 TL Öl

1 | Petersilie aus dem Suppengrün in den geben und **5 Sek.** | **Stufe 8** zerkleinern. Umfüllen und beiseitestellen. Übriges Suppengrün in den geben und **5 Sek.** | **Stufe 6** mithilfe des zerkleinern. Mit den Paprikawürfeln in den tiefen Dampfgaraufsatz geben. Bratwurst auf dem flachen Dampfgaraufsatz verteilen.

2 | Reis in den Kocheinsatz einwiegen, unter fließendem Wasser gründlich abspülen und in den einhängen. Wasser, Gewürzpaste sowie Öl in den geben. Den Dampfgaraufsatz aufsetzen und alles **20 Min.** | garen.

3 | Alle Zutaten mit der Petersilie in eine große Servierschüssel oder einen Topf geben und mit dem verrühren. Die Suppe auf Tellern anrichten und servieren.

FAVORIT, LEICHT VARIIERT

Für unsere beliebte schnelle Reis-Suppe aus extra wenigen Zutaten gibt's jetzt ein Upgrade! Wir ergänzen das Bund Suppengemüse um ein Paprikatrio. Die günstigen Basis-Zutaten bekommt ihr in jedem Supermarkt. Das Gemüse sowie die Bratwurst garen im Dampfgaraufsatz, während der Reis im Kocheinsatz gekocht wird. Nach 20 Minuten Garzeit ist das Essen fertig.

ZAUBERMIX AUF YOUTUBE

EINSCHALTEN & auschauen!

Kennt ihr schon unseren neuen Kanal auf YouTube? Ab jetzt könnt ihr wöchentlich eine neue Folge mit Monsieur Expertin Isy ansehen. Erfahrt, was hier köchelt …

Endlich gibt es uns bei YouTube – worauf können sich Fans des Monsieur freuen?
Der Wunsch, einen eigenen YouTube-Kanal zu starten, bestand schon recht lange. Das **ZauberMix** Team und ich möchten euch einen lebendigen Blick auf die **ZauberMix** Welt geben. Denn natürlich lassen sich viele Handgriffe vor der laufenden Kamera noch präziser erklären als auf Fotos. Und: Wir möchten einfach noch mehr mit euch in Kontakt kommen und uns mit euch austauschen. Deswegen freue ich mich darüber, dass uns seit dem Start im März bereits über tausend Zuschauer*innen abonniert haben und täglich mehr dazu kommen.

Was erwartet die Zuschauer*innen konkret?
In den YouTube Folgen widme ich mich den großen Fragen rund um den Monsieur, seinen umfangreichen Funktionen, seinen Zubehören und ihrer Anwendung. Denn wie ihr wisst: Der Monsieur steckt voller smarter Möglichkeiten, die es zu entdecken gilt. Ich gebe euch spezielle Tipps und Tricks zu eurem Monsi und zeige euch Schritt für Schritt, wie einfach die Zubereitung der beliebtesten Gerichte mit dem Zaubertopf gelingt – und das ohne Fixtüte und mit frischen Zutaten. Wir wählen die Rezepte aus, die alle lieben, die euch jede Menge Zeit sparen, wenn ihr sie mit dem Monsi zubereitet, und die genauso perfekt für Monsieur Anfänger*innen wie für erfahrenere Nutzer*innen geeignet sind.

Immer sonntags um 12 Uhr!

Woher kommen die Themen für die Folgen?
Mit Chefredakteurin Vivien habe ich lange zusammen gesessen und geschaut, was euch als Community am besten gefällt. Außerdem haben wir auch aktuelle Themen im Blick: Gibt es einen neuen Trend in der Welt der Lebensmittel, dann teste ich das Produkt oder prüfe für euch, ob es etwas taugt und wie ihr die angesagten Leckereien von Instragram und Co. auch im Monsieur Cuisine zubereiten könnt. Auch eure Wünsche sollen genügend Platz finden. Ihr könnt immer supergerne in die Kommentare schreiben, was euch noch interessiert und was wir für euch ausprobieren oder checken sollen. Und schon entsteht eine neue Folge mit genau eurem Thema.

Wie läuft ein Drehtag ab?
Ein YouTube-Dreh ist aufwendiger, als ihr vielleicht denkt. Das Video ist zwar nur ein paar Minuten lang, aber bedarf einiger Vorplanung. Zuerst fertige ich das Skript an, erarbeite also den Inhalt des Videos. Unser Koch Gerald übernimmt dann den Einkauf für das entsprechende Gericht und ich dekoriere unsere wunderschöne **ZauberMix** Küche mit Blumen und Kräutern. Am Drehtag unterstützt uns eine liebe Assistenz, die dafür sorgt, dass sämtliche Zutaten bereit stehen und alles unkompliziert abläuft. Natürlich ist auch immer ein Kamerateam dabei. Einblicke hinter die Kulissen gibt es übrigens auch bei WhatsApp zu sehen.

Wie erfährt man, dass es ein neues Video auf YouTube gibt?
Wenn ihr neugierig seid, was ich als Nächstes mixe, abonniert einfach den YouTube Kanal. Das geht kostenlos und ganz einfach. Drückt die „Glocke", die ihr direkt unter jedem Video findet. So werdet ihr automatisch über neue Sendungen informiert. Wir halten euch gern auf dem Laufenden und benachrichtigen euch auch, sobald eine neue Folge erscheint. Diese könnt ihr dann sofort anschauen. Grundsätzlich geht immer sonntags ein neues Video online. Auch bei Instagram erfährt ihr in meiner Story, welche Folge wir neu für euch bei YouTube gezaubert haben.

„Ich freue mich über eure Kommentare und wenn ihr eure Erfahrungen mit mir teilt!"

Marie-Luise Paulsen (Isy)

KEINE FOLGE VERPASSEN

Abonniert den **ZauberMix** Kanal auf YouTube und lasst euch mit der „Glocke" über neue Folgen informieren

Geheimrezept für den besten Milchreis im Monsieur Cuisine |...
4312 Aufrufe • vor 3 Tagen

7 unverzichtbare Monsieur Cuisine Display-Hacks & Tipps, die...
14.146 Aufrufe • vor 10 Tagen

Koche die perfekten Eier mit diesen Monsieur Cuisine Tipps!
21.713 Aufrufe • vor 2 Wochen

Monsieur Cuisine Einsteiger? Mit diesen 3 Tipps wird Kochen zum...
22.009 Aufrufe • vor 1 Monat

Kochen mit dem Monsieur Cuisine: Endlich ist es so weit! |...
22.622 Aufrufe • vor 1 Monat

Einsteiger Rezept: Schnelle Gewürzpaste in nur 1 Schritt |...
19.942 Aufrufe • vor 1 Monat

Hier geht's zu unserem Kanal:
WWW.YOUTUBE.COM/@ZAUBERMIXMONSIEURCUISINE

Fotos: Archiv

EXPRESSKÜCHE

Feierabend!

Abendessen in maximal 20 Minuten? Mit dem Monsieur und der Wahl smarter Zutaten, die sofort startklar sind, ist es möglich!

Rezepte: Lukas Lotzing
Fotos & Styling: Anna Gieseler

15 MINUTEN

Brokkolisalat Italian Style

LOW CARB LOW FAT

PRO PORTION: 226 KCAL | 9 G E | 16 G F | 12 G KH

ZUTATEN FÜR 4 PERSONEN

- 50 g getrocknete Tomaten in Öl (Glas), abgetropft, dabei 3 EL Öl aufgefangen
- 300 g Brokkoli, in Röschen
- 30 g Basilikumpesto
- 3 TL Crema di Balsamico zzgl. etwas zum Garnieren
- 1 TL Kräutersalz
- ½ TL Pfeffer
- 200 g Kirschtomaten, halbiert
- 125 g Mini-Mozzarella
- 2 EL Pinienkerne zum Garnieren

1 Die getrockneten Tomaten in den Mixtopf geben, **5 Sek. | Stufe 8** zerkleinern und mit dem Spatel nach unten schieben. Tomatenöl, Brokkoli, Pesto, Crema di Balsamico, Salz sowie Pfeffer zufügen und **3–4 Sek. | Stufe 6** mithilfe des Spatels zerkleinern.

2 Kirschtomaten mit Mozzarella zugeben und mit dem Spatel unterheben. Umfüllen und mit Pinienkernen sowie Balsamico garniert servieren.

15 MINUTEN

Julia Redakteurin

EINFACH BESONDERS

Vier unserer beliebtesten Rezepte kommen jetzt mit neuem Twist: Brokkolisalat peppen wir mit Pesto auf, Erbsensuppe verfeinern wir mit Kokosmilch. Das klassische Risotto wandeln wir im Monsieur zum schnellen Orzotto um und cremige Quarkspeise schichten wir mit Pfirsichkompott. Das Beste an allen: Die Gerichte sind ganz einfach gemacht!

15-Minuten-Erbsensuppe Asia Style

LOW CARB LOW FAT

PRO PORTION: 454 KCAL | 16 G E | 26 G F | 41 G KH

ZUTATEN FÜR 4 PERSONEN

- 1 Zwiebel, halbiert
- 2 cm Ingwer
- 1 EL Kokosöl
- 1 EL grüne Currypaste
- 800 g Erbsen (TK, aufgetaut)
- 300 g Wasser
- 400 g Kokosmilch (Dose)
- 1 TL Gemüse-Gewürzpaste
- Abrieb und Saft von 1 unbehandelten Limette zzgl. 1 Limette zum Garnieren
- Blättchen von 5 Stielen Koriander zzgl. einige zum Garnieren

1 Die Zwiebel mit dem Ingwer in den Mixtopf geben und **5 Sek. | Stufe 8** zerkleinern. Mit dem Spatel nach unten schieben. Das Kokosöl, die Currypaste sowie die Erbsen zufügen und alles ohne Messbecher **2 Min. | Stufe 2 | 120 °C** dünsten.

2 Das Wasser, die Kokosmilch, die Gewürzpaste sowie Limettenabrieb und -saft zugeben und ohne Messbecher **10 Min. | Stufe 1 | 100 °C** kochen, dabei den Kocheinsatz als Spritzschutz aufsetzen. Den Koriander hinzufügen, den Messbecher einsetzen und die Suppe **1 Min. | Stufe 8–10** ansteigend pürieren.

3 Die Suppe auf Schüsseln verteilen und mit Koriander und Limette garniert servieren.

Foto: Archiv (1)

20 MINUTEN

20-Minuten-Zucchini-Orzotto

LOW CARB LOW FAT

PRO PORTION: 489 KCAL | 22 G E | 14 G F | 70 G KH

ZUTATEN FÜR 4 PERSONEN

- **1 Knoblauchzehe**
- **1 kleine Zwiebel, halbiert**
- **30 g Butter**
- **300 g Zucchini, in Stücken**
- **350 g Orzo**
- **520 g Wasser**
- **1 TL Gemüse-Gewürzpaste**
- **Saft von ½ Zitrone**
- **3 Prisen Pfeffer**
- **100 g geriebener Parmesan**
- **Oregano zum Garnieren**

1 Knoblauch mit Zwiebel in den Mixtopf geben, **5 Sek. | Stufe 8** zerkleinern und mit dem Spatel nach unten schieben. Die Butter zufügen und **2 Min. | Stufe 1 | 120 °C** dünsten.

2 Zucchini zugeben und **4 Sek. | Stufe 7** zerkleinern. Orzo zufügen und **2 Min. | Linkslauf | Stufe 1 | 100 °C** andünsten, anschließend mithilfe des Spatels vom Boden lösen.

3 Wasser, Gewürzpaste, Zitronensaft und Pfeffer zugeben. Ohne Messbecher **15 Min. | Linkslauf | Stufe 1 | 100 °C** garen, dabei den Kocheinsatz als Spritzschutz aufsetzen.

4 Nach Ende der Garzeit die Hälfte des Parmesans vorsichtig mit dem Spatel unterheben. Das Orzotto sofort auf Tellern anrichten und mit dem restlichen Parmesan und Oregano bestreut servieren.

ZEITSPARER

Unser innovatives „Risotto" aus Orzo ist ruckzuck fertig gekocht. Bei der Zubereitung des Orzottos folgen wir denselben Schritten wie beim Kochen eines Risottos, können allerdings die Garzeit auf 15 Minuten reduzieren. Die zerkleinerte Zucchini verleiht der sämigen Käse-Pasta einen willkommenen Frischekick.

Schneller Pfirsichquark

PRO PORTION: 301 KCAL | 24 G E | 10 G F | 29 G KH

ZUTATEN FÜR 4 GLÄSER À 250 ML

- ★ 490 g Pfirsiche (Dose), in Stücken, mit 3 EL Saft
- ★ 750 g Quark
- ★ 2 EL flüssiger Honig
- ★ Mark von 1 Vanilleschote

1 | Pfirsiche in den [Mixtopf] geben, **4 Sek.** | **Stufe 4** zerkleinern und umfüllen. Quark, Honig, Vanillemark sowie Pfirsichsaft in den [Mixtopf] geben und **30 Sek.** | **Stufe 3** vermengen.

2 | Quarkcreme und Pfirsiche abwechselnd in Gläser schichten und servieren.

ZUVERLÄSSIGE GEHEIMZUTAT

Manche Konserven gehören einfach in die gut sortierte Vorratskammer, denn sie sind superpraktisch und lecker. Wir zählen Pfirsiche aus der Dose zu den Top-Geheimtipps beim smarten Einkauf, denn sie haben mehrere Vorteile. Erstens: Sie halten fast ewig. Zweitens: Sie lassen sich vielseitig zu Desserts und Gebäck kombinieren. Drittens: Sie schmecken gut und wecken bei vielen von uns sogar nostalgische Erinnerungen. Wir verarbeiten sie zu einem fruchtigen Püree, das mit luftigem Vanillequark perfekt harmoniert.

Fotos: Anna Gieseler (1); Archiv (1)

MEAL PREP

FÜR MORGEN

Wer vorkochen und dadurch Zeit sparen möchte, ist mit diesen Tipps gut beraten

DER BLEIBT KNACKIG

Jeder Brokkolisalat eignet sich, um ihn auch am nächsten Tag noch zu genießen, denn die Röschen bleiben schön fest, selbst wenn sie bereits mit Dressing vermengt sind. Füllt die Portion(en) dafür in eine oder mehrere Frischhaltedosen, die sich luftdicht verschließen lassen, und stellt den Salat kalt. Da der Salat generell schnell zubereitet ist, lohnt es sich auch, gleich die doppelte Menge an Gemüse vorzubereiten und den Salat zweimal hintereinander im [Mixtopf] herzustellen. So spart ihr euch erneutes Gemüseputzen, den Abwasch des [Mixtopf] und ihr habt Salat für 2 Tage.

SUPPE AUF VORRAT

Unsere Erbsensuppe eignet sich gut zum Einfrieren. Lasst sie dafür etwas abkühlen und füllt sie portionsweise in Gefrierdosen oder -beutel. Friert die Portionen ein oder stellt sie für 2–3 Tage im Kühlschrank kalt. Zum Erwärmen die gekühlte oder die gefrorene Suppe in Stücken **15 Min.** | ⟲ | **Stufe 1** | **65 °C** erhitzen. Von uns getestete Frischhaltegefäße findet ihr unter www.zaubertopf-shop.de

monsieur cuisine by ZauberMix

News

Wer ZauberMix kennt, weiß, dass kein Tag vergeht, an dem es nicht etwas Spannendes zu berichten gibt. Erfahrt hier alles Wichtige!

NUR DAS BESTE – GANZ EINFACH

In der **ZauberMix** Redaktion und über all unsere Kanäle erreichen uns immer wieder Fragen aus der Community rund um den Monsieur und dessen Zubehöre. Wir freuen uns sehr über diese Anfragen und beantworten sie jeden Tag gern – denn genau das ist es, was wir tun. Lasst uns auf jeden Fall wissen, was wir euch genauer erklären oder für euch testen können. So ist auch die Idee zu unserem neuen Sonderheft entstanden. Was euch erwartet: Bewährte, vielfach erprobte und beliebte Rezepte, auf die wir schwören. Das ganz Besondere: All unsere Rezepte kommen mit dem ganz besonderen **ZauberMix** Twist. Das heißt, sie gelingen super einfach und schmecken richtig lecker. Wie ihr es von uns kennt, ist das Spezial gespickt mit hunderten Tipps und Tricks aus vielen Jahren **ZauberMix**. Perfekt für alle, die jetzt so richtig durchstarten oder ihr Know-how auffrischen wollen.

TIPP: Bestellt das Sonderheft „SO EASY" jetzt unter www.falkemedia-shop.de für nur 8,99 Euro bequem vor und sichert euch so euer persönliches Exemplar!

Ab 14. Juni bei Lidl!

Vorabcover

monsieur cuisine

Seid die Ersten, die unsere neuen Folgen sehen!

Es hat uns einiges an Grübeleien, viele, viele Stunden Arbeit und hunderte Tests gekostet, bis wir bereit waren, euch dieses neue Highlight zu präsentieren. Die Rede ist von unserem neuen Video-Feature in der **ZauberMix** App! Ab sofort laufen unsere neuesten Rezept- und Ratgeber-Folgen von Instagram hier als Erstes. Ihr findet das Rezept und mehr Lesenswertes immer direkt am selben Ort. Speichert euch eure Favoriten ab und lasst unserer Expertin Isy ein Herz da! Jetzt gleich anschauen! Die App findet ihr im Apple App Store oder im Google Play Store.

WOHIN MIT DEM GEMÜSE?

Ihr habt Lebensmittel flachen Garaufsatz zubereitet und wollt ihn nur kurz abstellen? Dann dreht den Deckel des Dampfgarers um und stellen den Aufsatz darauf ab. So bleibt die Küche trocken. Mehr Tipps gibt's hier: @monsieur_cuisine_by_zaubermix

Isy geht bald wieder live!

Kocht mit uns

Wenn Gäste kommen, muss die Küche glänzen. Daher hat Isy in den letzten Wochen noch mal ganz schön viel umdekoriert in der **ZauberMix** Küche. Schaut vorbei, wenn sie das nächste mal live mit euch (und weiteren Gästen) kocht. Den Termin teilen wir euch rechtzeitig per WhatsApp Nachricht mit. Unseren Kanal könnt ihr kostenlos abonnieren!

HIER FINDET IHR INSPIRATION

Ihr seid auf der Suche nach einem ganz bestimmten Rezept oder braucht Ideen, wie ihr eine Zutat verarbeiten könntet? Dann besucht unsere Webseite www.zaubermix.de und schaut, ob unter tausenden Gerichten nicht genau das dabei ist, was ihr euch vorgestellt habt. Praktisch: Über unsere saisonale Vorauswahl findet ihr auch direkt zu einer großen Vielfalt gerade relevanter Themen.

Wie wäre es beispielsweise im Juni mit noch mehr Spargel- oder Erdbeer-Rezepten ... Schaut vorbei und stöbert einfach mal durch! Fehlt etwas? Dann schreibt uns oder ruft uns an und wir beeilen uns, eure Wünsche zu erfüllen.

Wir waschen empfindliche Erdbeeren ganz vorsichtig im Kocheinsatz des Monsieur. Dafür 1 Liter Wasser in den einwiegen, den Deckel samt Messbecher aufsetzen und die Früchte ***1 Min.*** *|* ***Stufe 8*** *spülen. Fertig!*

Fotos: Archiv

FUSSBALL-EM mit La-Ola-Laune

Ein Monat Fußball-Sommer liegt vor uns, denn im Juni beginnt die Europameisterschaft. Wir laden zur Party ein und servieren Snacks für grandiose Stimmung

Rezepte: Lukas Lotzing

BALD GEHT'S LOS

Endlich ist es so weit. Erst zum zweiten Mal seit 1988 findet die Europameisterschaft wieder in Deutschland statt. Am 14. Juni um 21 Uhr geht's los mit dem Auftaktspiel Deutschland gegen Schottland. Das Finale wird am 14. Juli um 21 Uhr im Olympiastadion in Berlin stattfinden.

Deutschland-Torte

01 15 std : min

PRO STÜCK: 529 KCAL | 11 G E | 29 G F | 57 G KH

ZZGL. 4 STD. RUHEZEIT

ZUTATEN FÜR 12 STÜCKE

FÜR DEN TEIG
- **6 Eier**
- **200 g Zucker**
- **1 EL selbst gemachter Vanillezucker**
- **200 g Weizenmehl Type 405**
- **30 g Kakaopulver**
- **1 TL Backpulver**
- **1 Prise Salz**

FÜR DIE FÜLLUNG
- **500 g Mascarpone**
- **50 g Puderzucker**
- **30 g Kakaopulver**
- **23 „Mini-KitKat"**
- **200 g „M&M's" (schwarz, rot, gelb)**

AUSSERDEM
- **Springform (Ø 26 cm)**

1 | Den Backofen auf 160 °C Ober-/Unterhitze vorheizen. Den Boden der Springform mit Backpapier auslegen.

2 | Für den Teig den Rühraufsatz einsetzen. Eier, Zucker sowie Vanillezucker in den geben und **6 Min. | Stufe 3 | 37 °C** aufschlagen. Anschließend **6 Min. | Stufe 4** ohne Messbecher weiterschlagen. Den Rühraufsatz entnehmen.

3 | Mehl, Kakao, Backpulver sowie Salz zufügen und **15 Sek. | Stufe 4** verrühren. Teig in die Springform geben, im heißen Ofen ca. 40 Min. backen. Herausnehmen und ca. 2 Std. abkühlen lassen. Den spülen.

4 | Für die Füllung Mascarpone, Puderzucker sowie Kakao in den geben und **30 Sek. | Stufe 4** verrühren.

5 | Den Boden aus der Form lösen, waagerecht zweimal durchschneiden. Untersten Boden auf eine Platte setzen, mit Tortenring umspannen. Ein Drittel Creme darauf verteilen. Nächsten Boden daraufsetzen, erneut ein Drittel Creme darauf verstreichen. Letzten Boden aufsetzen, rundherum mit der restlicher Creme bestreichen.

6 | Die „KitKats" senkrecht rundherum außen an die Creme drücken und mit einem Band fixieren. Die Torte ca. 2 Std. kalt stellen. Vor dem Servieren die „M&M's" gleichmäßig in Deutschlandfahnen-Optik auf der Torte verteilen.

Fotos: Kathrin Knoll (2); Archiv (1)

ZUM FEIERN

In wenigen Minuten verwandelt euer Star-Spieler die Zutaten spielend leicht in ein sensationelles Fußball-Dessert. In der Startaufstellung: „Oreos" und Mini-Schaumküsse. Für frischen Rasen sorgen Fruchtgummischnüre.

Fußball-Schaumkuss-Dessert

00 20 std : min

PRO GLAS: 470 KCAL | 4 G E | 27 G F | 52 G KH

ZUTATEN FÜR 12 GLÄSER À 150 ML

- **300 g „Oreo"-Kekse**
- **300 g Sahne**
- **400 g dunkle Mini-Schokoküsse (ca. 64 Stück)**
- **400 g Mascarpone**
- **100 g grüne Fruchtgummischnüre, in ca. 1 cm langen Stücken**

1 | Die „Oreo"-Kekse in den geben und **10–15 Sek. | Stufe 8** zerkleinern. Umfüllen und den spülen.

2 | Rühraufsatz in den einsetzen und die Sahne zugeben. Ohne Zeiteinstellung auf **Stufe 4** unter Sichtkontakt steif schlagen. Den Rühraufsatz entnehmen und die Sahne umfüllen.

3 | Von den Schokoküssen die Waffeln entfernen und 12 Waffeln beiseitestellen. Die Schaumfüllung mit Schokolade und Mascarpone in den geben, **30 Sek. | Stufe 3** verrühren. Sahne mit dem unterheben.

4 | Mascarponecreme abwechselnd mit den Kekskrümeln in Dessertgläser schichten und mit Waffelböden und Gummischnüren dekoriert servieren.

ANSTOSS!
Für den entscheidenden Treffer in Sachen Fluffigkeit sorgt euer Monsieur Cuisine, der den schnellen Rührteig für die Amerikaner noch fix vor Spielstart fertigstellt. Die Menge könnt ihr auch direkt verdoppeln für ausreichend Ball-Nachschub.

Amerikaner im Fußball-Look

00 35 std : min

PRO STÜCK: 443 KCAL | 5 G E | 12 G F | 77 G KH

ZZGL. 30 MIN. RUHEZEIT

ZUTATEN FÜR 8 STÜCK

FÜR DEN TEIG
- **100 g weiche Butter, in Stücken**
- **2 Eier**
- **80 g Zucker**
- **1 TL selbst gemachter Vanillezucker**
- **1 Prise Salz**
- **250 g Weizenmehl Type 405**
- **1 Pck. Vanillepuddingpulver**
- **2 TL Backpulver**
- **3 EL Milch**

FÜR GUSS
- **300 g Puderzucker**
- **5 EL Zitronensaft**
- **1 EL Kakaopulver**
- **2 EL Wasser**

1 | Den Backofen auf 160 °C Umluft vorheizen. 2 Backbleche mit Backpapier auslegen. Für den Teig Butter, Eier, Zucker, Vanillezucker sowie Salz in den \=/ geben und **1 Min. | Stufe 4** cremig rühren. Mehl, Puddingpulver, Backpulver und Milch zugeben und **20 Sek. | Stufe 4** vermengen.

2 | Teig mithilfe eines Esslöffels in 8 Portionen auf die Backbleche setzen und dabei genügend Abstand zwischen den Amerikanern lassen. Im heißen Ofen 15–17 Min. backen. Herausnehmen und abkühlen lassen.

3 | Für den hellen Guss 200 g Puderzucker mit Zitronensaft vermengen und auf die glatte Unterseite der Amerikaner streichen. Etwas trocknen lassen.

4 | Für den dunklen Guss 100 g Puderzucker mit Kakaopulver und Wasser vermengen und in Fußballoptik auf den Amerikanern verstreichen. Den Guss aushärten lassen und die Amerikaner servieren.

Obst-Tartelettes im Deutschland-Look

00 45 std : min

PRO STÜCK: 667 KCAL | 7 G E | 46 G F | 58 G KH

ZZGL. 1 STD. RUHEZEIT

ZUTATEN FÜR 8 STÜCK

FÜR DEN TEIG
- **300 g Weizenmehl Type 405 zzgl. etwas zum Bearbeiten**
- **160 g kalte Butter, in Stücken, zzgl. etwas zum Fetten**
- **80 g Zucker**
- **1 Eigelb**

FÜR DIE CREME
- **300 g Sahne**
- **2 Pck. Sahnesteif**
- **1 EL selbst gemachter Vanillezucker**
- **400 g Schmand**

FÜR DEN BELAG
- **300 g Blaubeeren**
- **300 g Erdbeeren, in Scheiben**
- **2 Mangos, in Würfeln**

AUSSERDEM
- **8 Tartelettefömchen (Ø ca. 10 cm)**
- **Hülsenfrüchte zum Blindbacken**

1 | Für den Teig alle Zutaten in den \=/ geben und **20 Sek. | Stufe 5** vermengen. Zu einem Riegel formen und in Frischhaltefolie gewickelt ca. 30 Min. kalt stellen. Den \=/ spülen.

2 | Den Rühraufsatz einsetzen. Für die Creme Sahne, Sahnesteif und Vanillezucker in den \=/ geben, ohne Zeiteinstellung auf **Stufe 4** unter Sichtkontakt steif schlagen. Schmand hinzufügen und **10 Sek. | Stufe 3** unterrühren.

3 | Backofen auf 180 °C Ober-/Unterhitze vorheizen. Tarteletteförmchen einfetten. Den Teig auf einer bemehlten Arbeitsfläche ausrollen und 8 Kreise (Ø ca. 12 cm) ausstechen. Kreise in die Förmchen legen und einen Rand formen. Teig mit einer Gabel mehrfach einstechen, mit Backpapier und Hülsenfrüchten belegen. Tartelettes 15–20 Min. backen. Herausnehmen und auskühlen lassen.

4 | Zuerst die Creme, dann Blaubeeren, Erdbeeren und Mangos auf den abgekühlten Tartelettes verteilen und servieren.

Ein echter Früchte-Kick

TARTELETTE-TAKTIK

Bereit, gleich Teig für eine große Mannschaft zuzubereiten? Denn die Tartletteböden lassen sich sehr gut einfrieren. So könnt ihr bei jedem Spiel – auch noch nach der Vorrunde – mit einem unschlagbaren Dessert aufwarten. Backt sie dann 8–10 Min. bei 180 °C wieder auf.

Fotos: BSH / Désirée Peikert (2)

Für wahre Champions

TEAM SCHWARZ-ROT-GOLD

Unser Profi-Trick für die Deutschland-Dips: Die Deutschland-Farben gelingen euch mit 100 Prozent natürlichen Zutaten, die das Mixmesser so fein zerkleinert und miteinander vermengt, dass sich die Dips sensationell gut verfärben. Das sind schwarze Bohnen, rote Chilischoten und goldgelber Cheddar.

Fotos: Kathrin Knoll (1); Sandra Leibinger (1)

3 pikante Deutschland-Dips

00 40
std : min

PRO PORTION (3×30 G): 147 KCAL | 6 G E | 8 G F | 8 G KH

ZUTATEN FÜR 3 DIPS

FÜR DEN SCHWARZEN DIP
- **2 Knoblauchzehen**
- **240 g schwarze Bohnen (Dose), abgetropft**
- **50 g Olivenöl**
- **30 g Tahin**
- **1 TL Kreuzkümmelpulver**
- **Saft von 1 Zitrone**
- **Salz**
- **schwarzer Sesam zum Garnieren**

FÜR DEN ROTEN DIP
- **1 rote Zwiebel, halbiert**
- **1 Knoblauchzehe**
- **1 rote Chilischote, in Ringen**
- **1 TL Olivenöl**
- **500 g passierte Tomaten**
- **Saft von 1 Limette**
- **Pfeffer**

FÜR DEN GELBEN DIP
- **200 g Cheddar, in Stücken**
- **1 EL Butter**
- **1 EL Weizenmehl Type 405**
- **180 g Milch**
- **1 Prise Cayennepfeffer**

1 **Für den schwarzen Dip** Knoblauch in den geben und **2 Sek. | Turbo** zerkleinern. Mit dem nach unten schieben. Bohnen hinzufügen und **10 Sek. | Stufe 8** zerkleinern. Restliche Zutaten mit 1 TL Salz zugeben und **20 Sek. | Stufe 8** vermengen. Umfüllen und mit Sesam garnieren. Den spülen.

2 **Für den roten Dip** Zwiebel, Knoblauch sowie Chili in den geben und **5 Sek. | Stufe 8** zerkleinern. Mit dem nach unten schieben. Öl zufügen und die Zutaten **3 Min. | Stufe 1 | 120 °C** andünsten. Tomaten, Limettensaft, je ½ TL Salz und Pfeffer zugeben, **20 Sek. | Stufe 4** vermengen. Umfüllen, den spülen.

3 **Für den gelben Dip** Käse in den geben, **15 Sek. | Stufe 8** zerkleinern und umfüllen. Butter und Mehl in den geben, **3 Min. | Stufe 1 | 100 °C** anschwitzen. Milch, ½ TL Salz, ½ TL Pfeffer sowie Cayennepfeffer zugeben und **10 Min. | Stufe 1 | 70 °C** schmelzen lassen, dabei den Cheddar durch die Deckelöffnung zugeben. Umfüllen und mit den anderen Dips servieren.

>HALTBARKEIT Den schwarzen und roten Dip könnt ihr schon vorher vorbereiten und anschließend 4–5 Tage im Kühlschrank lagern. Den gelben Dip solltet ihr noch warm servieren, dann ist er herrlich cremig!

SMARTE LAST-MINUTE-LAUGEN-SNACKS

Erwartet ihr Gäste, greift ruhig zu zuverlässigen Tricks, um auch last minute noch Brot-Snacks für viele zu servieren. Haltet beispielsweise Laugenstangen zum Aufbacken im Tiefkühler bereit, die ihr etwas angetaut in Konfekt schneiden und backen könnt. Alternativ halbiert ihr sie der Länge nach, verdreht jeden einzelnen Strang in sich selbst und formt dann kleine Laugenringe. Angesagt sind auch Laugenbrezeln, die ihr mit Schinken oder Salami, Zwiebeln und reichlich Käse überbackt wie kleine Pizzen.

LASST ES *knuspern!*

Frischteige sind die heimlichen Stars des Kühlregals. Wir zeigen vier krosse Trends mit Blätter-, Filo- und Yufkateig von Tante Fanny und Füllungen aus dem Monsieur Cuisine

Rezepte: Lukas Lotzing

FILO- & YUFKATEIG

Die meisten von uns kennen den hauchdünnen Teig von Speisen wie Börek oder Frühlingsrollen. Ihr findet ihn im Kühlregal und könnt damit auch unseren knusprigen Crinkle Cake zubereiten!

Crinkle Cake mit Filoteig

01 10 std : min

LOW CARB · LOW FAT

PRO STÜCK: 447 KCAL | 10 G E | 31 G F | 33 G KH

ZUTATEN FÜR 6 STÜCKE

- **100 g Butter, in Stücken, zzgl. etwas zum Fetten**
- **1 Filo- & Yufkateig von Tante Fanny (250 g)**
- **200 g Sahne**
- **250 g Milch**
- **3 Eier**
- **80 g Zucker**
- **Mark von 1 Vanilleschote**
- **4 Äpfel geviertelt, in Scheiben**
- **Puderzucker zum Garnieren**

AUSSERDEM

- **Auflaufform (ca. 30×24 cm)**

1 | Backofen auf 180 °C Ober-/Unterhitze vorheizen und eine Auflaufform einfetten. Die Butter in den Mixtopf geben und **5 Min. | Stufe 1 | 60°C** schmelzen.

2 | Den Filo- & Yufkateig entnehmen, ein Teigblatt dünn mit flüssiger Butter bestreichen und mit einem weiteren Teigblatt belegen. Dieses ebenfalls mit Butter bestreichen und von der kürzeren Seite her so zusammenraffen, dass Falten entstehen. Den Vorgang mit den restlichen Teigblättern wiederholen und die Blätter in die Auflaufform geben. Mit der restlichen Butter bestreichen. 15 Min. im Backofen vorbacken.

3 | Für die Füllung Sahne, Milch, Eier, Zucker sowie Vanillemark in den Mixtopf geben und **15 Sek. | Stufe 3** verrühren.

4 | Crinkle Cake aus dem Ofen nehmen, die Apfelscheiben in den Teigfalten verteilen und mit dem Vanilleguss übergießen. Im Backofen 30–35 Min. fertig backen. Herausnehmen und mit Puderzucker garniert servieren.

>TIPP Reicht den Crinkle Cake zur Kaffeezeit mit Vanillesoße oder einer Kugel Vanilleeis.

Knuspriger Blätterteig-Pizzakranz

00 45 std : min

LOW CARB · LOW FAT

PRO PORTION: 526 KCAL | 21 G E | 39 G F | 25 G KH

ZUTATEN FÜR 4 PERSONEN

- **1 Blätterteig von Tante Fanny (270 g)**
- **100 g Emmentaler, in Stücken**
- **1 Knoblauchzehe**
- **125 g Frischkäse**
- **30 g Tomatenmark**
- **20 g getrocknete Tomaten**
- **1 TL getrockneter Oregano zzgl. etwas zum Bestreuen**
- **¼ TL Salz**
- **60 g Salami, in kleinen Stücken**
- **60 g Kochschinken, in kleinen Stücken**
- **1 rote Paprikaschote, in Würfeln**
- **1 Eigelb, verquirlt**

1 | Backofen auf 200 °C Umluft vorheizen. Ein Blech mit Backpapier auslegen. Blätterteig in 12 gleich große Dreiecke schneiden. Die Dreiecke so auf dem Backblech anordnen, dass die lange Spitze nach außen zeigt. Dabei die Dreicke jeweils etwas überlappend legen und auf diese Weise zu einem Kranz anordnen.

2 | Emmentaler in den Mixtopf geben, **10 Sek. | Stufe 8** zerkleinern und umfüllen. Knoblauch im Mixtopf **5 Sek. | Stufe 8** zerkleinern. Mit dem Spatel nach unten schieben.

3 | Frischkäse, Tomatenmark, getrocknete Tomaten, 2 EL Emmentaler, Oregano sowie Salz zugeben und **10 Sek. | Stufe 4** vermengen. Salami, Schinken sowie Paprika zufügen und **10 Sek. | Linkslauf | Stufe 3** verrühren.

4 | Masse auf dem Blätterteigkranz verteilen, die äußeren Spitzen bleiben frei. Restlichen Emmentaler darüberstreuen, die Dreieckspitzen über den Kranz nach innen klappen und unter den Blätterteig drücken. Mit Eigelb bestreichen und mit etwas Oregano bestreuen. Im Backofen 20 Min. goldgelb backen. Herausnehmen, etwas abkühlen lassen und servieren.

>TIPP Toll fürs Picknick oder als besonderes und schnelles Zupfbrot zum Grillabend.

BLÄTTERTEIG

Der Frischteig aus dem Kühlregal ist sofort backfertig und eignet sich so perfekt für die schnelle Küche.

Fotos: Sandra Leibinger (2); Tante Fanny (1)

Einfache Quarkstangen mit Vanille

00:35 std : min

LOW CARB LOW FAT

PRO STÜCK: 191 KCAL | 7 G E | 8 G F | 20 G KH

ZUTATEN FÜR 18 STÜCK

* **60 g Zucker**
* **500 g Magerquark**
* **1 Pck. Vanillepuddingpulver**
* **1 Ei**
* **40 g selbst gemachter Vanillezucker**
* **2 Blätterteige von Tante Fanny (je 270 g)**
* **1 Eigelb**
* **1 EL Milch**
* **40 g Mandelblättchen**

1 | Den Backofen auf 220 °C Ober-/Unterhitze vorheizen.

2 | Zucker in den Mixtopf geben und **20 Sek. | Stufe 10** pulverisieren. 1 EL davon abnehmen und zur Seite stellen.

3 | Quark, Vanillepuddingpulver, Ei sowie Vanillezucker zufügen und **20 Sek. | Stufe 4** vermengen.

4 | Einen Blätterteig mit Backpapier auf dem Backblech ausrollen und mit der Quarkcreme bestreichen. Den zweiten Blätterteig ohne Papier auf die Creme legen.

5 | Eigelb mit Milch verquirlen und die Teigoberfläche damit bestreichen. Mit Mandelblättchen bestreuen. Teig mit einem Pizzaschneider in der Mitte der Länge nach halbieren und jeweils in etwa 3 cm breite Streifen schneiden.

6 | Quarkstangen im heißen Ofen 15–20 Min. backen. Etwas abkühlen lassen, mit dem restlichen Puderzucker bestreuen und servieren.

SO PRAKTISCH!

Ob Blätter- oder Filo- & Yufkateig – die Frischteige von Tante Fanny schmecken wie hausgemacht und sind absolut gelingsicher. Genial: Die Teige sind bereits ausgerollt, kommen aber handlich aufgerollt auf Backpapier. So lassen sie sich sofort belegen, formen und auf dem Backblech platzieren. Probiert auch die neuen Blätterteigvarianten „Butter", „Dinkel" und „Vollkorn"! Mehr unter www.tantefanny.at

Crispy Hülle mit Fülle aus dem Monsieur

SENSATIONELLER SNACK

Für dieses Rezept verwenden wir gleich zwei Rollen Blätterteig: Einen für den Boden, einen als Deckel. Die Füllung ist im \≡/ in unter 1 Minute zubereitet. Die goldbraunen Knusperhäppchen sorgen für den Wow-Effekt auf dem Tisch!

Blätterteig-Bites Tomate-Mozzarella

00 35 std : min

LOW CARB LOW FAT

PRO STÜCK: 352 KCAL | 8 G E | 26 G F | 23 G KH

ZUTATEN FÜR 8 STÜCKE

- Blättchen von 2 Stielen Basilikum
- 1 Knoblauchzehe
- 30 g getrocknete Tomaten
- 125 g Frischkäse
- 125 g Mozzarella, in Stücken
- 1 EL Tomatenmark
- Salz
- 2 Blätterteige von Tante Fanny (je 270 g)
- 150 g Tomaten, in Scheiben
- Pfeffer
- 1 Eigelb, verquirlt
- 2 EL weißer Sesam sowie getrocknete italienische Kräuter zum Bestreuen

1 | Backofen auf 200 °C Ober-/Unterhitze vorheizen. Basilikum, Knoblauch sowie getrocknete Tomaten in den \≡/ geben und **10 Sek. | Stufe 8** zerkleinern. Frischkäse, 80 g Mozzarella, Tomatenmark sowie 2 Prisen Salz zugeben und **5 Sek. | Stufe 6** cremig rühren.

2 | Den Blätterteig mit der Frischkäsemasse bestreichen. Die Tomaten darauf verteilen und den restlichen Mozzarella darüberstreuen. Mit Salz und Pfeffer würzen. Den zweiten Blätterteig darauflegen und die Seiten mit einer Gabel festdrücken.

3 | Den Blätterteig mit Eigelb bestreichen und mehrmals einstechen. Mit Sesam und Kräutern bestreuen und im Backofen 20–25 Min. goldgelb backen. Herausnehmen und in Stücke geschnitten servieren.

Fotos: Désirée Peikert (1); Sandra Leibinger (1); Tante Fanny (2)

ERDBEER Express

Die frischen Früchtchen wollen schnell verarbeitet werden. Hier kommen vier rasante Ideen für den süßen Sommergenuss

Rezepte: Lukas Lotzing

DIE SCHNELLSTE FRUCHTSOSSE

Die frische Erdbeersoße in Schritt 2, die aus nur 2 Zutaten besteht, bereitet ihr im Monsieur in nur 30 Sekunden zu. Sie schmeckt sowohl auf dem Dessert als auch auf Eis, Cheesecake und Waffeln.

Fotos: BSH/Désirée Peikert (1) / Anna Gieseler (1); Kathrin Knoll (1)

Erdbeer-Butterkeks-Dessert

00 | 20 std : min

LOW CARB · LOW FAT

PRO GLAS: 395 KCAL | 5 G E | 30 G F | 28 G KH

ZZGL. 30 MIN. RUHEZEIT

ZUTATEN FÜR 4 GLÄSER

- **50 g weiche Butter**
- **80 g Butterkekse, in Stücken**
- **350 g Erdbeeren, halbiert**
- **2 EL Puderzucker**
- **200 g Sahne**
- **250 g Quark**
- **60 g Zucker**
- **Mark von 1 Vanilleschote**

1 | Die Butter in den geben und **3 Min.** | **Stufe 1** | **60 °C** schmelzen lassen. Die Kekse zufügen und **10 Sek.** | **Stufe 8** vermengen. In die Gläser geben und mit einem Löffel festdrücken. Anschließend den spülen.

2 | 200 g Erdbeeren mit Puderzucker in den geben und **30 Sek.** | **Stufe 8** pürieren. Dann umfüllen und den spülen.

3 | Den Rühraufsatz einsetzen. Die Sahne in den geben und ohne Zeiteinstellung **Stufe 4** unter Sichtkontakt steif schlagen. Den Rühraufsatz entnehmen, die Sahne umfüllen. Quark, Zucker sowie Vanillemark in den geben und **30 Sek.** | **Stufe 3** glatt rühren. Die Sahne mithilfe des unterheben.

4 | Einen Teil der übrigen Erdbeeren an den Glasrändern aufstellen und die Gläser mit Creme befüllen. Erdbeerpüree auf der Creme verteilen und mit restlichen Erdbeeren garnieren. Vor dem Servieren 30 Min. kalt stellen.

BISKUIT OHNE AUFROLLEN

Den einfachen All-in-Biskuitteig mixt ihr in unter 1 Minute. Den dünnen Boden bestreicht ihr anschließend mit der Quark-Sahne-Creme. So schmeckt's nach Biskuitrolle, aber ohne das mühsame Aufrollen.

Schneller Erdbeer-Quark-Kuchen vom Blech

01 | 00 std : min

LOW CARB · LOW FAT

PRO STÜCK: 276 KCAL | 6 G E | 16 G F | 28 G KH

ZUTATEN FÜR 24 STÜCKE

FÜR DEN TEIG
- **4 Eier**
- **150 g Zucker**
- **1 EL selbst gemachter Vanillezucker**
- **335 g Weizenmehl Type 405**
- **225 g Öl**
- **225 g Orangensaft**
- **Abrieb und Saft von 2 unbehandelten Zitronen**
- **1 Pck. Backpulver**
- **1 Prise Salz**

FÜR DEN BELAG
- **200 g Sahne**
- **2 Pck. Sahnesteif**
- **1000 g Erdbeeren, halbiert**
- **500 g Quark**
- **50 g Zucker**
- **1 EL selbst gemachter Vanillezucker**
- **100 g weiße Schokolade, in Stücken**

1 | Backofen auf 175 °C Ober-/Unterhitze vorheizen. Ein Backblech mit Backpapier belegen.

2 | Für den Teig Eier, Zucker sowie Vanillezucker in den geben und **4 Min.** | **Stufe 4** schaumig schlagen. Mehl, Öl, Orangensaft, Zitronenabrieb und -saft, Backpulver sowie Salz zugeben, **20 Sek.** | **Stufe 4** unterrühren. Teig auf das Blech geben und im heißen Ofen 30–35 Min. backen. Herausnehmen und auskühlen lassen. Den spülen.

3 | Inzwischen für die Creme den Rühraufsatz einsetzen. Sahne mit Sahnesteif in den geben und ohne Zeiteinstellung **Stufe 4** unter Sichtkontakt steif schlagen. Rühraufsatz entnehmen und die Sahne umfüllen.

4 | 250 g Erdbeeren in den geben und **30 Sek.** | **Stufe 8** pürieren. Quark, Zucker sowie Vanillezucker zufügen und **30 Sek.** | **Stufe 3** glatt rühren. Die Sahne mithilfe des unterheben. Die Quarkmasse auf den Teig streichen. Den spülen.

5 | Schokolade in den geben und **8 Sek.** | **Stufe 8** zerkleinern. Mit dem nach unten schieben und **3 Min.** | **Stufe 1** | **50 °C** schmelzen. Einige halbierte Erdbeeren eintauchen und die Schokolade fest werden lassen. Mit den übrigen Erdbeeren auf dem Kuchen verteilen und servieren.

Erdbeerlimonade mit Minze

00 05 std : min

PRO GLAS: 43 KCAL | 0 G E | 0 G F | 9 G KH

ZUTATEN FÜR 4 GLÄSER À 250 ML

- 300 g Erdbeeren
- 200 g Eiswürfel
- 40 g Zitronensaft
- 20 g Zucker
- 800 g Wasser
- Minze zum Garnieren

1 | Erdbeeren, Eiswürfel, Zitronensaft und Zucker in den geben und **1 Min.** | **Stufe 10** vermengen.

2 | Wasser zufügen und **20 Sek.** | **Stufe 3** vermischen. Die Limo in Gläser füllen, mit Minze garnieren und servieren.

> **TIPP** Statt Zitronensaft könnt ihr auch Limetten- oder Orangensaft verwenden. Die Zuckermenge könnt ihr ganz nach eurer persönlichen Vorliebe anpassen. Mit 20 g ist die Limonade kaum süß und ganz leicht.

Erdbeerpudding

00 20 std : min

PRO PORTION: 152 KCAL | 3 G E | 3 G F | 28 G KH

ZZGL. 1 STD. RUHEZEIT

ZUTATEN FÜR 4 GLÄSER À 200 ML

- 500 g Erdbeeren
- 250 g Milch
- 30 g Puderzucker
- 30 g Stärke
- 1 TL Vanilleextrakt
- 1 EL Reis-Crispies zum Garnieren, alternativ weiße Schokolade

1 | 400 g Erdbeeren in den geben, **1 Min.** | **Stufe 8** pürieren. Dann Milch, Puderzucker, Stärke sowie Vanille zugeben, **5 Sek.** | **Stufe 5** vermengen, anschließend **10 Min.** | **Stufe 3** | **100°C** aufkochen.

2 | Pudding in kleine Schüsseln füllen und die Oberfläche mit hitzebeständiger Frischhaltefolie abdecken. Ca. 1 Std. im Kühlschrank abkühlen lassen. Restliche Erdbeeren halbieren, auf den Pudding setzen und mit Crispies oder geraspelter weißer Schokolade garniert servieren.

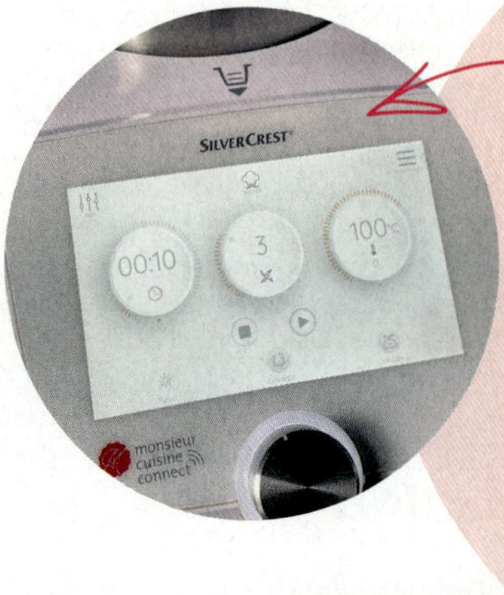

SUPERSEIDIG

Das Dessert gelingt euch ohne Fertigmischung im Monsieur völlig klümpchenfrei! Das Geheimnis: etwas Stärke und eine konstante, ideale Temperatur von 100 °C, bei der die Milch nicht anbrennt, die Stärke aber die Milch wunderbar binden kann.

Erfrischung
IN MINUTEN

COOLER COCKTAIL
2 Schritte, 2 Minuten – fertig ist euer fruchtiger Sommerdrink! Und dafür benötigt ihr einzig und allein euren Monsieur. Er zerkleinert, mixt und püriert ganz einfach Früchte und selbst harte Eiswürfel zu sehr smoothen und erfrischenden Drinks. Perfekt zum Anstoßen – cheers!

Fotos: StockFood/ Zuzanna Ploch (1); Désirée Peikert (1); Archiv (2)

MEINE Geheimtipps

Chefredakteurin Vivien ist immer auf der Suche nach Inspiration und Neuem. Entdeckt hier ihre Funde

Coole Idee

Sechs Monate liegen meine Eisförmchen unbenutzt in der Vorratskammer. Dann kommt auf einmal der Moment, in dem ich denke: Ach, ich könnte ja mal wieder einen kleinen Eis-Vorrat anlegen, damit wir immer etwas dahaben. Speziell während der Gartenarbeit mache ich gern eine Pause mit einem praktischen Eis am Stiel. Die fruchtige Frozen-Joghurt-am-Stiel-Idee von Valensina (Rezept unter www.valensina.de) hat mich an meine Eisformen erinnert. Sie sind nun befüllt mit einer Mischung aus 125 g Joghurt, ½ TL gemahlener Vanille, 3 EL Honig und 150 g Sahne, die abwechselnd mit den Valensina-Fruchtmixen Karotte, Apfel-Zitrone und „Benjamin Blümchen" eingefroren wurden.

STRANDFLAIR

Das junge belgische Unternehmen Paveau stellt mundgeblasene Flaschen und Gläser (ab 17 Euro) her. Die sanften Farben sind von schönen Stränden inspiriert. Daher gefallen sie mir wohl so gut. www.paveau.com

Jetzt im ZauberTopf-Shop!

VON HERZEN ZUM MUTTERTAG

Die Silikon-Backform mit 6 Mulden passt in den Dampfgarer und darf auch in den Backofen oder Tiefkühler. Darin entstehen kleine Himbeer-Herzen, süße Brownies oder Käseküchlein. 12,85 Euro, www.zaubertopf-shop.de

Geschenk-Spezialitäten

Wir testen bei uns zu Hause unheimlich gern unterschiedliche Olivenöle. Wir verbrauchen eine Menge davon, daher gibt es immer wieder neue Gelegenheiten. Und ich verschenke auch gern gutes Öl, wenn es uns geschmeckt hat. Das toskanische „Olio Extra Vergine Di Oliva" von der italienischen Firma Casa Rinaldi gibt's sogar im niedlichen 100-ml-Miniformat für 4,50 Euro. Diese feine Spezialität und viele weitere zum Verkosten und Verschenken findet ihr unter www.andronaco-shop.de

Kein Ausflug ohne Snacks

TREND-KEKSE FÜR UNTERWEGS

Bei Ausflügen am Wochenende habe ich gern ein paar Snacks dabei. In letzter Zeit sind das häufig unsere neuen Vitalkekse aus nur 4 Zutaten. Dafür zerkleinere ich 100 g Früchte-Crunch-Müsli (wir haben das neue Bio-Müsli „Crunchy Hafer Beeren" von Bauck verwendet) **6 Sek. | Stufe 8**. Anschließend vermische ich es mit weiteren 200 g Müsli, 30 g Honig, 1 Ei und 4 EL Kokosöl **30 Sek. | ↺ | Stufe 2**. Dann in 25 Portionen teilen, zu Talern formen und bei 170 °C Ober-/Unterhitze 10–12 Min. goldgelb backen.

Ich kaufe gern Einzelstücke und erweitere so meine Geschirrsammlung Stück für Stück. Aus der Serie „Crafted" im Blauton „Blueberry" darf es auch gern eins sein. www.villeroy-boch.de

So werde ich zum Fußballfan

Ich gehöre zu den Menschen, die sich von den großen Fußball-Anlässen mitreißen lassen. Vor allem, weil die Kinder alle so viel Spaß haben, wenn wir Erwachsenen uns „zum Fernsehen" treffen. Ich freue mich jetzt schon auf die glücklichen Gesichter der Kids, wenn ich ein paar unserer Amerikaner von Seite 52 mit diesen niedlichen Fußballdekoren mit dem lustigen Namen „Elfmeterchen" dekoriere. Ihr bekommt die „Superdinger" unter www.superstreusel.de

Schick in großer Schale

Die hat's mir angetan: die große 4-Liter-Servierschale in zartem Salbeigrün von Mepal. Die neue Serie „Silueta" zeigt, dass auch Kunststoffschüsseln sehr ästhetisch aussehen können. Die großen mit 4 bis 5 Litern gibt's mit Deckel, so eignen sie sich auch zum Mitnehmen und Stapeln. Erhältlich in 4 schönen Farben ab ca. 23 Euro, www.mepal.com

Fotos: Valensina (1); Archiv (5); Paveau (1); Andronaco (1); Villeroy & Boch (1); Mepal (1); Superstreusel (1)

Urlaubsziel? MALLORCA!

Lust auf Inselurlaub? Bei Fernweh kochen wir uns die Balearen-Hits jetzt ganz einfach zu Hause

Rezepte: Elisa Schilling

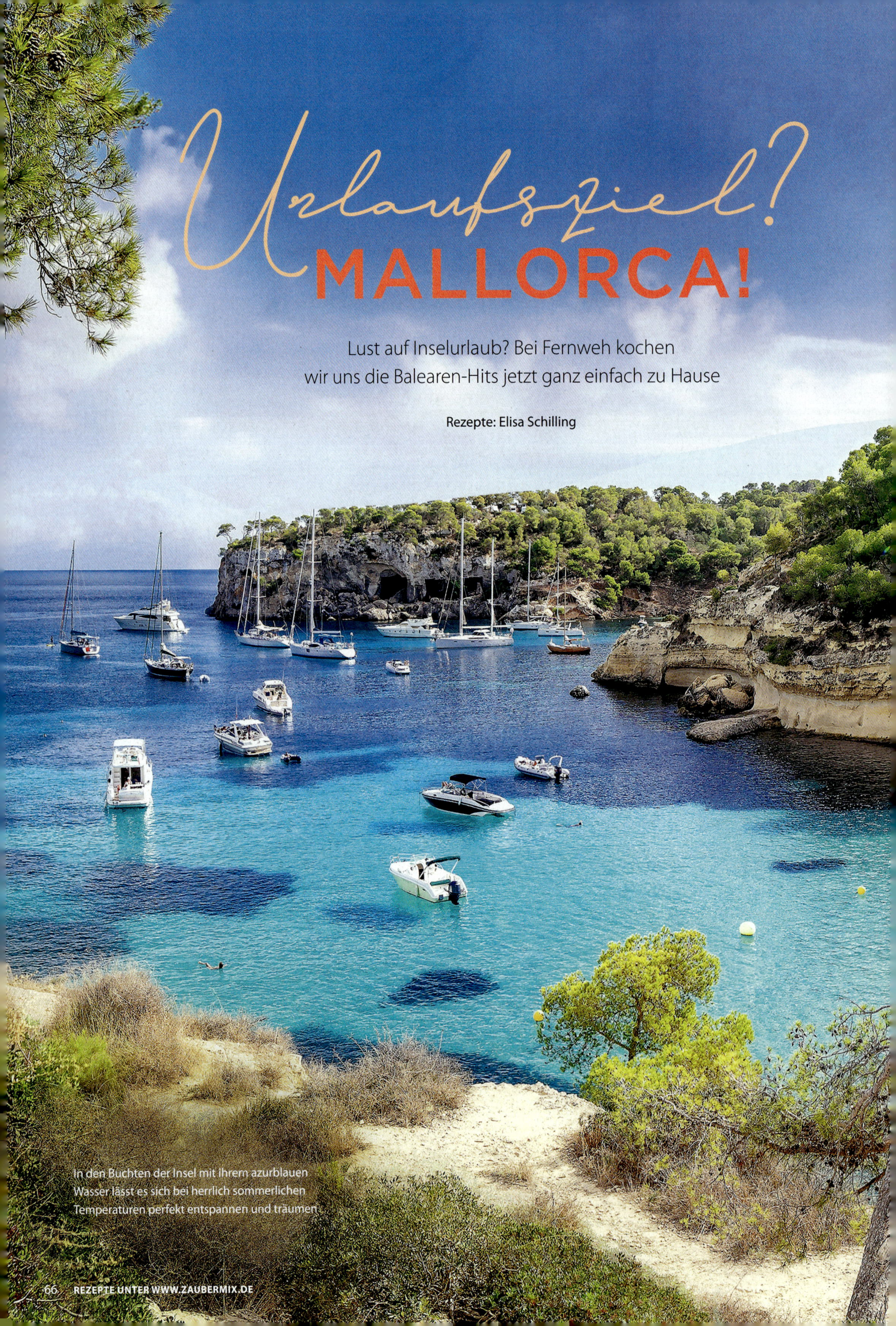

In den Buchten der Insel mit ihrem azurblauen Wasser lässt es sich bei herrlich sommerlichen Temperaturen perfekt entspannen und träumen

Paella mit Chorizo und Mais

00:40 std : min

LOW CARB LOW FAT

PRO PORTION: 504 KCAL | 16 G E | 15 G F | 80 G KH

ZUTATEN FÜR 4 PERSONEN

- **10 g Petersilienblättchen**
- **1 Zwiebel, halbiert**
- **1 Knoblauchzehe**
- **300 g Paellareis (alternativ Langkornreis)**
- **1500 g Wasser**
- **3 TL Olivenöl**
- **3 TL Gemüse-Gewürzpaste**
- **400 g grüne Bohnen (TK), aufgetaut**
- **110 g Chorizo, in Scheiben**
- **200 g Cocktailtomaten, halbiert**
- **175 g Mais (Dose), abgetropft**
- **3 EL Tomatenmark**
- **1 TL edelsüßes Paprikapulver**

1 Petersilie in den Mixtopf geben, **6 Sek. | Stufe 8** zerkleinern und umfüllen. Zwiebel mit Knoblauch in den Mixtopf geben, **5 Sek. | Stufe 8** zerkleinern. Umfüllen und beiseitestellen.

2 Kocheinsatz in den Mixtopf einsetzen und den Reis einwiegen. Wasser, 1 TL Öl sowie 1 TL Gewürzpaste zugeben und mit dem Spatel umrühren. Bohnen im tiefen Dampfgaraufsatz verteilen, diesen geschlossen aufsetzen und alles **15 Min.** | Dampfgarstufe garen.

3 Gegen Ende der Garzeit 2 TL Öl in einer großen Pfanne erhitzen und die Zwiebel-Knoblauch-Mischung darin andünsten. Chorizo zugeben und scharf anbraten.

4 Den Dampfgaraufsatz vorsichtig abnehmen und zur Seite stellen. Kocheinsatz mit dem Spatel herausnehmen. Mixtopf leeren und dabei 50 g Garflüssigkeit auffangen. Reis mit der Garflüssigkeit, Bohnen, Tomaten, Mais, Tomatenmark, 2 TL Gewürzpaste sowie Paprikapulver in der Pfanne vermengen und kurz anbraten. Die Paella mit Petersilie garniert servieren.

>**INFO** Das bunte Reisgericht wird mit Fleisch, Fisch, Gemüse und Gewürzen zubereitet. Es ist ein Feuerwerk der Aromen und sehr wandelbar.

Patatas bravas mit Salsa Mojo (würzige Kartoffeln)

00 | 50 std : min

LOW CARB LOW FAT

PRO PORTION: 404 KCAL | 7 G E | 18 G F | 55 G KH

ZUTATEN FÜR 4 PERSONEN

FÜR DIE PATATAS BRAVAS
- **1000 g Wasser**
- **1000 g festkochende Kartoffeln, in Stücken**
- **3 EL Olivenöl**
- **2 EL Paniermehl**
- **Salz**

FÜR DIE SALSA MOJO
- **1 kleine Zwiebel, halbiert**
- **1 Knoblauchzehe**
- **2 rote Paprikaschoten, in Stücken**
- **Saft von ½ Limette**
- **30 g Tomatenmark**
- **4 EL Olivenöl**
- **2 TL Zucker**
- **1 TL Essig**
- **½ TL Chilipulver**
- **Koriander zum Garnieren**

1 Wasser in den geben. Kartoffeln im tiefen Dampfgaraufsatz verteilen und diesen verschlossen aufsetzen. Kartoffeln **15 Min.** | garen.

2 Backofen auf 200 °C Ober-/Unterhitze vorheizen und ein Blech mit Backpapier belegen. Kartoffeln auf dem Backblech verteilen, mit Öl, Paniermehl sowie 1 TL Salz vermengen und im Ofen ca. 25 Min. knusprig backen. leeren.

3 Inzwischen für die Salsa Mojo Zwiebel mit Knoblauch in den geben und **5 Sek.** | **Stufe 8** zerkleinern. Restliche Zutaten für die Salsa zugeben und **30 Sek.** | **Stufe 8** pürieren.

4 Die Kartoffeln aus dem Ofen nehmen und mit Salsa Mojo und Koriander garniert servieren.

>INFO Sie sind der Klassiker unter den Tapas. Patatas bravas werden gebacken, gebraten oder frittiert. Anschließend werden die Kartoffeln heiß mit scharfer Soße serviert.

Das romantische Bergdorf Valldemossa lockt mit kleinen autofreien Gassen, reichlich Kopfsteinpflaster und atemberaubendem Weitblick

Eine kleine Oase der Ruhe in traumhafter Lage ist die Cala S'Amarador. Ihr Strand ist umgeben von Pinienhainen und Felsen. Für den kleinen Hunger gibt es eine Strandbar mit Snacks und Erfrischungen

Weckt sonnige Erinnerungen

Fotos: Adobe Stock/Mistervlad (1)/encierro (1); StockFoo/Rua Castilho (1)/Are Media (1)

Salsa verde

00 | 10 std : min

LOW CARB LOW FAT

PRO PORTION (30 G): 43 KCAL | 0 G E | 4 G F | 2 G KH

ZUTATEN FÜR 450 G

- **20 g Korianderblättchen**
- **10 g Minzblättchen**
- **1 kleine Zwiebel, halbiert**
- **1 Knoblauchzehe**
- **2 grüne Paprikaschoten, in Stücken**
- **60 g Olivenöl**
- **Saft von ½ Limette**
- **½ TL Salz**

1 | Koriander, Minze, Zwiebel sowie Knoblauch in den Mixtopf geben und **6 Sek. | Stufe 8** zerkleinern. Mit dem Spatel nach unten schieben.

2 | Die restlichen Zutaten zufügen und alles **30 Sek. | Stufe 8** pürieren. Die Salsa verde nach Belieben servieren.

>**HALTBARKEIT** Die Salsa hält sich im Kühlschrank 3–5 Tage frisch.

>**VERWENDUNG** Salsa verde heißt „grüne Sauce" auf Spanisch und ist ein äußerst vielseitiger Dip, der sich zu vielen Gerichten kombinieren lässt. Als Dip passt sie ideal zu Tortillas oder Gemüsesticks, während sie als Soße köstlich zu Fleisch und Fisch schmeckt. Ebenso eignet sie sich als Dressing für Salate oder gegrilltes Gemüse und verleiht Suppen oder Eintöpfen eine zusätzliche Geschmacksnote. In Spanien wird sie häufig mit Petersilie und Fischbrühe zubereitet und zu Meeresfrüchten sowie Fisch oder Muscheln serviert.

Schwelgt in tollen Aromen

Ein Paradies für Ausflüge ist die Serra de Tramuntana. Die Gebirgsregion gehört sogar zum UNESCO-Weltkulturerbe

Ensaïmada de Mallorca (Hefeschnecke)

00 50 std : min

LOW CARB LOW FAT

PRO SCHEIBE: 280 KCAL | 5 G E | 12 G F | 39 G KH

ZZGL. 1 STD. 50 MIN. RUHEZEIT

ZUTATEN FÜR 1 HEFESCHNECKE À 16 SCHEIBEN

FÜR DEN TEIG

- **190 g Milch**
- **20 g frische Hefe**
- **140 g Zucker zzgl. 1 TL**
- **500 g Weizenmehl Type 405**
- **2 Eier**
- **1 Prise Salz**
- **200 g weiche Butter**

AUSSERDEM

- **70 g Puderzucker**
- **2 TL selbst gemachter Vanillezucker**

1 | Für den Teig Milch, Hefe sowie 1 TL Zucker in den Mixtopf geben und **3 Min. | Stufe 1 | 37 °C** erwärmen. Die Hefemischung 5 Min. ruhen lassen.

2 | Mehl, Zucker, Eier und Salz zugeben, **2 Min.** | Teigknetstufe zu einem glatten Teig verkneten. Umfüllen und abgedeckt an einem warmen Ort 45 Min. gehen lassen. Ein Blech mit Backpapier belegen.

3 | Teig auf einer leicht bemehlten Arbeitsfläche zu einem Quadrat (ca. 50 × 50 cm) ausrollen und mit Butter bestreichen. Anschließend von der Längsseite zu einer Schlange aufrollen. Teigschlange vorsichtig zu einem Rechteck (ca. 15 × 65 cm) ausrollen und von der Längsseite aufrollen. Teig leicht in sich zwirbeln und als Schnecke auf das Backblech legen. Abgedeckt ca. 1 Std. gehen lassen. Backofen auf 180 °C Ober-/Unterhitze vorheizen.

4 | Ensaïmada 25–30 Min. backen. Anschließend aus dem Ofen nehmen und auskühlen lassen. Puderzucker mit Vanillezucker vermischen und die Hefeschnecke damit bestäuben.

>INFO Dieses spanische Gebäck ist eine echte Spezialität und in vielen Bäckereien erhältlich. Mallorquiner genießen es zum Dessert oder am Nachmittag zum Kaffee gern mit Konfitüre. Da der Hefeteig mit reichlich Butter bestrichen wird, ist er unglaublich saftig und zartblättrig.

Fotos: BSH/Désirée Peikert (1); StockFood/James Lee (1); Adobe Stock/Fulcanelli (1)/Sina Ettmer (1)

Malerische Plätze mit mediterranem Flair wie in Alcudia laden zum Verweilen und Genießen ein

Sangria-Granita

00 05 std : min

LOW CARB · LOW FAT

PRO GLAS: 147 KCAL | 1 G E | 0 G F | 23 G KH

ZZGL. 8 STD. RUHEZEIT

ZUTATEN FÜR 4 GLÄSER À 200 ML

* 300 g Sangria
* Blättchen von 4 Stielen Minze
* 400 g Eiswürfel
* 50 g Zucker
* Saft von 2 Orangen
* Abrieb und Saft von 2 Limetten

1 Sangria in Eiswürfelbehälter füllen und mind. 8 Std. tiefkühlen.

2 Minze in den Mixtopf geben und **6 Sek. | Stufe 8** zerkleinern. Mit dem Spatel nach unten schieben.

3 Die restlichen Zutaten sowie die gefrorenen Sangriawürfel zugeben und **15 Sek. | Stufe 8** crushen. Die Granita in Gläser umfüllen und mit Minze garniert servieren.

>**INFO** Halb gefroren und körnig: Die Granita ist ein perfektes Sommerdessert zum Löffeln – erfrischend und eisgekühlt.

Steffi Redakteurin

FERIEN-KÜCHE

Die mallorquinische Küche ist besonders frisch, bunt und vielfältig. Sonnengereifte Mandeln, Orangen, Kräuter, Gemüse oder fangfrischer Fisch werden zu köstlichen Gerichten und Spezialitäten. Mandelkuchen oder Hefeschnecke, deren softe Teige ihr in eurem Zaubertopf leicht zubereitet, holen euch das Urlaubsfeeling genauso nach Hause wie mit tollen Kräutern gemixte Salsas und Drinks für euren Grillabend. Geht mit diesen Gerichten auf Genussreise!

ZauberTopfShop

FÜR EUCH ENTDECKT...

Cleveres Zubehör für den Monsieur macht noch mehr möglich und noch mehr Spaß!

ÜBERALL PRAKTISCH
Schneidebrett Roll

Das platzsparende Schneidebrett passt in den Rucksack, in Wohnwagen oder Wohnmobil. Umfüllen gelingt mit dem faltbaren Brett perfekt.

26,95 €

Isy Monsieur-Expertin

Ich teste gerne Produkte und teile meinen ersten Eindruck auf Instagram unter @monsier_cuisine_by_zaubermix mit euch. Folgt mir, ich freue mich auf euch!

Sehr beliebt!

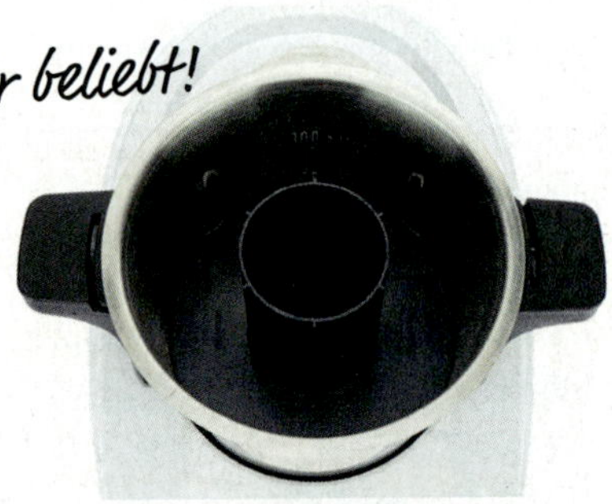

MIXTOPF VERKLEINERN
Miximizer®

Das geniale Zubehör setzt ihr einfach aufs Messer. Es hält kleinteilige Zutaten wie Zwiebeln, Kräuter und Gewürze dann unten beim Messer.

22,95 €

SCHAUT IM SHOP VORBEI, ES GIBT NEUES!

Neu!

SPRITZSCHUTZ
WUUFO®

Der neue Bestseller im Shop schützt vor heißen Spritzern, ersetzt den Kocheinsatz auf dem Deckel und ist platzsparender im Geschirrspüler!

9,95 €

Perfekt für One Pots

IMMER DABEI
Frischhaltedosen

Im angesagten Pfirsichblüten-Ton machen sich die auslaufsicheren, luftdichten Dosen gut auf dem Grillbüfett und auf der Picknickdecke.

Ab 8,95 €

PRAKTISCH
Silikonbeutel

Perfekte Snack- und Frischhaltebeutel zum Wiederverwenden. Auch zum Tiefkühlen. Praktisch für unterwegs!

Ab 13,90 €

SAUBERE SACHE
Spatel- & Reinigungs-Set

Die perfekte Grundausstattung aus 2 flexiblen Spateln, dem Calotti® Drehkellenspatel und der Reinigungsbürste für den Mixtopf.

44,03 € statt ~~51,20 €~~

Cleverer kochen als je zuvor!

FAVORIT
WunderPeeler®

Spart euch das Kartoffelschälen und überlasst dem Monsi die lästige Aufgabe. 1 Kilo schält er in einem Durchlauf automatisch!

24,95 €

DIE GRUNDLAGEN
Basis-Kochbuch

Das kompakte Standardwerk mit hunderten Farbfotos und inspirierenden Rezeptideen – immer wieder hilfreich!

24,90 €

EXKLUSIV
Profi-Set für den Monsieur

Für euch zusammengestellt: Das 7-teilige Set besteht aus Basics für jeden Tag (Spatel, Spülbürste, Teiglöser, Silikonauflaufform) und Zubehören, die euren Monsieur um 3 Funktionen erweitern: Saftpresse, Schäler-Einsatz (s. o.) und Messerersatz. Zum Set-Sparpreis nur hier!

109,60 € statt ~~137 €~~

Fotos: Archiv

WIR ♥ BROKKOLI

Drei Ideen, wie ihr aus dem günstigen Gemüseliebling schnell und abwechslungsreich in eurem Monsieur köstliche Kreationen zaubert

Rezepte: Lukas Lotzing

Schnelle Brokkolipizza
Rezept siehe Seite 76

EASY-PEASY

Dieses köstliche Mittagessen ist mit wenigen Zutaten rasch zubereitet. Und das Beste ist: Der Brokkoli gart im Dampfgaraufsatz sehr schonend und bleibt schön knackig. Ihr könnt frische Röschen oder auch tiefgekühlte verwenden.

Cremige Lachs-Pasta mit Brokkoli
Rezept siehe Seite 76

Fotos: StockFood/Profimedia (1)/ News Life Media (1)

Schnelle Brokkolipizza

00 35 std : min

LOW CARB · LOW FAT

PRO PORTION: 806 KCAL | 28 G E | 38 G F | 88 G KH

ZUTATEN FÜR 4 PERSONEN

- **400 g Weizenmehl Type 405 zzgl. etwas zum Bearbeiten**
- **200 g Magerquark**
- **80 g Olivenöl**
- **50 g Milch**
- **1 Ei**
- **1 Pck. Backpulver**
- **Salz**
- **350 g Brokkoli, in Röschen**
- **Pfeffer**
- **200 g Crème fraîche**
- **125 g Mozzarella, in Stücken**

1 | Backofen auf 200 °C Ober-/Unterhitze vorheizen. Ein Backblech mit Backpapier belegen. Mehl, Quark, 60 g Olivenöl, Milch, Ei, Backpulver sowie 1 TL Salz in den geben und **2 Min.** | verkneten. Auf einer bemehlten Arbeitsfläche ausrollen und auf das Backblech geben.

2 | Brokkoli mit 20 g Olivenöl sowie je 1 Prise Salz und Pfeffer vermengen. Crème fraîche mit ½ TL Salz sowie 3 Prisen Pfeffer verrühren. Den Teig mit der Creme bestreichen. Brokkoli darauf verteilen und mit Mozzarella bestreuen. Die Pizza im heißen Ofen ca. 20 Min. backen. In Stücke schneiden und servieren.

SOSSENGLÜCK

Verwendet anstelle von Crème fraîche die gleiche Menge Ziegenfrischkäse als Basis für den Belag. Diesen könnt ihr nach Belieben für eine leichte Frische mit etwas abgeriebener Bio-Limettenschale, Limettensaft und gehacktem Basilikum verfeinern. Wer lieber eine rote Pizzasoße mag, rührt 100 g Paprikamark mit 60–75 ml Wasser glatt und mischt 1 EL getrockneten Thymian, ½ fein gehackten roten Peperoncino und 1 Knoblauchzehe in dünnen Scheiben unter.

Cremige Lachs-Pasta mit Brokkoli

00 30 std : min

LOW CARB · LOW FAT

PRO PORTION: 651 KCAL | 47 G E | 6 G F | 101 G KH

ZUTATEN FÜR 4 PERSONEN

- **1000 g Wasser**
- **2 TL Gemüse-Gewürzpaste**
- **500 g Brokkoli, in Röschen**
- **4 Lachsfilets (à 125 g)**
- **3 EL Zitronensaft**
- **Salz**
- **Pfeffer**
- **500 g Linguine**
- **150 g Frischkäse**
- **3 EL Schnittlauch, in Röllchen, zzgl. etwas zum Garnieren**
- **Spitzen von 3 Stielen Dill zzgl. etwas zum Garnieren**

1 | Wasser und Gewürzpaste in den geben. Brokkoli in den tiefen Dampfgaraufsatz geben und mit 1 Prise Salz würzen.

2 | Lachs auf dem flachen Dampfgaraufsatz verteilen, mit 1 EL Zitronensaft beträufeln und mit je 2 Prisen Salz sowie Pfeffer würzen. Den flachen in den tiefen Dampfgaraufsatz einsetzen, beides verschlossen aufsetzen und die Zutaten **15 Min.** | . In der Zwischenzeit die Nudeln nach Packungsangabe garen.

3 | Dampfgaraufsatz vorsichtig zur Seite stellen. leeren, dabei 100 g Garflüssigkeit auffangen. Die Garflüssigkeit mit Frischkäse, Kräutern, 2 EL Zitronensaft sowie je 1 Prise Salz und Pfeffer in den geben und alles **10 Sek.** | **Stufe 5** verrühren.

4 | Lachs in Stücke zupfen und mit dem Brokkoli und der Soße unter die Nudeln mischen. Mit Schnittlauch, Dill und Zitrone garniert servieren.

>FAMILIENTAUGLICH Einen Teil der Soße könnt ihr für die Kinder schon am Ende von Punkt 3 aus dem schöpfen, wenn Lachs oder Brokkoli nicht ihre Lieblingszutaten sind – für alle anderen hebt ihr danach Fisch und Gemüse unter. Wer mag, kann die eine oder andere Komponente auch separat anrichten.

Brokkoli-Aufstrich

00 25 std : min

LOW CARB · LOW FAT

PRO PORTION (30 G): 65 KCAL | 3 G E | 4 G F | 4 G KH

ZZGL. 10 MIN. RUHEZEIT

ZUTATEN FÜR 3 GLÄSER À 200 ML

- **100 g Salatkerne-Mix**
- **250 g Brokkoli, in Röschen**
- **15 g gemischte Kräuterblättchen**
- **30 g Olivenöl**
- **1 TL Salz**
- **2 Prisen Pfeffer**

1 | Den Backofen auf 160 °C Ober-/Unterhitze vorheizen. Kerne auf einem Backblech verteilen und im Ofen 10 Min. goldbraun rösten. Herausnehmen und 10 Min. auskühlen lassen. In den geben, **12 Sek.** | **Stufe 8** zerkleinern und umfüllen.

2 | Brokkoli in den geben und **10 Sek.** | **Stufe 8** zerkleinern. Kräuter hinzufügen und **6 Sek.** | **Stufe 8** zerkleinern. Kerne, Öl, Salz sowie Pfeffer dazugeben und **30 Sek.** | **Stufe 6** vermengen. Nach Belieben abschmecken und in Gläser abfüllen.

>HALTBARKEIT Im Kühlschrank hält sich der Aufstrich etwa 1 Woche.

>VERWENDUNG Der Aufstrich schmeckt auf deftigem Brot und als Dip für Gemüsesticks. In kleinen Gläsern ist er auch ein superleckeres Mitbringsel zum Frühstück.

Fotos: Kathrin Knoll (1); Archiv (3)

GUTES AUS VORRÄTEN

Wenn Speisekammer, Kühlschrank und Tiefkühlfach gut gefüllt sind, habt ihr für diesen cremigen Dip schnell alle Zutaten beisammen, ohne einkaufen zu müssen. Mit dem Monsieur püriert ihr dann alles ganz nach Geschmack fein oder grob cremig.

Brokkoli-Aufstrich
Rezept siehe linke Seite

VIELE WEITERE IDEEN

Euch gefallen schnelle Rezepte? Hier gibt's mehr!

SCHNELL UND LECKER

Ihr mittags oder abends nicht viel Zeit zum Kochen? Dann findet ihr die Lösung auf unserem Portal **www.zaubermix.de** und in der App. Dort findet ihr hunderte von Express-Ideen, die in unter 20 Minuten zubereitet sind. Wie wäre es mit fruchtigen Schichtdesserts, sommerlichen Nudeln und frischen Salaten?

10 Mixtopf *Secrets*

Isy teilt ihr Wissen über die Geheimnisse, die der Mixtopf birgt, und verrät ihre geheimen Hacks, mit denen ihr das Beste aus ihm herausholt

Der Alleskönner

Ein einziger Topf, der wiegt, schneidet, und kocht? Unsere Monsieur Cuisine Expertin Marie-Luise Paulsen (Isy) nimmt für euch den Mixtopf genau unter die Lupe. Denn in diesem Zubehör stecken so manche Überraschungen, die ihn zu etwas ganz Besonderem machen.

Fotos: Anna Gieseler (1); Archiv (1)

1.

Vorteilhaftes Material

Euer \=/ besteht aus Edelstahl. Das hat gleich mehrere Vorteile: Der Topf rostet nicht und ist somit extrem langlebig. Noch dazu ist Edelstahl besonders hygienisch, denn es lässt sich einfach und rückstandslos reinigen. Das Beste: Das Material nimmt keine Gerüche von Zwiebeln, Knoblauch und Co. an. Im \=/ integriert sind übrigens wichtige, aber unsichtbare Heizelemente, die alle Funktionen des \=/ überhaupt erst ermöglichen.

2.

Ideale Form

Der \=/ ist ganz bewusst konisch geformt, er verjüngt sich also nach unten hin. Durch diese spezielle Form wird die Zirkulation der Zutaten während des Mixens und Kochens optimiert. Zutaten werden zunächst am Boden des \=/ vom Messer erfasst, das nahezu die gesamte Fläche am Boden einnimmt, sodass nichts liegen bleibt. Von hier werden Speisen weiter nach oben befördert und durch die Kreisbewegung von oben wieder zur Mitte und nach unten zum Messer. Dieser Vorgang führt zu einer sehr gleichmäßigen Verteilung der Zutaten und auch der Wärme im Inneren. Das wiederum erzeugt gleichmäßige Ergebnisse. Der Mixvorgang ist somit gründlicher und deutlich schneller, als würdet ihr von Hand rühren. Außerdem erleichtert die Form auch die Reinigung des \=/.

3.

Drei-Griffe

Anders als herkömmliche Kochtöpfe ist der \=/ des Monsieur Cuisine smart mit drei Griffen ausgestattet. Die zwei seitlichen Griffe eignen sich, wie üblich, um den schwer befüllten Topf sicher mit beiden Händen zu tragen. Bei mehr als drei Litern Füllmenge ist das schon mal der Fall. Um aber eine Hand frei zu haben, könnt ihr den zusätzlichen, zentralen Griff greifen. So bleibt eine Hand frei, mit der ihr mithilfe des Speisen einfach herauslösen könnt. Auch beim Abspülen ist das überaus praktisch. Denkt daran, dass der Edelstahltopf nach dem Erwärmen heiß ist, greift den \=/ daher nur an den Kunststoffteilen

4.

Zur Füllmenge

Wenn ihr im Monsieur kocht, beachtet stets die maximale Füllmenge. Für ein gutes Kochergebnis ist es wichtig, dass ihr auch im 4,5-Liter-Topf nur maximal 3 Liter kocht. Ihr könnt euch dabei einfach an der Füllmengen-Anzeige im Inneren des \=/ orientieren. Am untersten Punkt liegt beim smart die 0,5-Liter-Grenze, am ersten senkrechten Strich dann 1 Liter usw. Der connect beginnt mit der 1-Liter Grenze. So wisst ihr, auch ohne die Waage zu aktivieren, wie viel Wasser oder Soße aufzufüllen ist, wenn ihr beispielsweise im Dampfgaraufsatz garen möchtet.

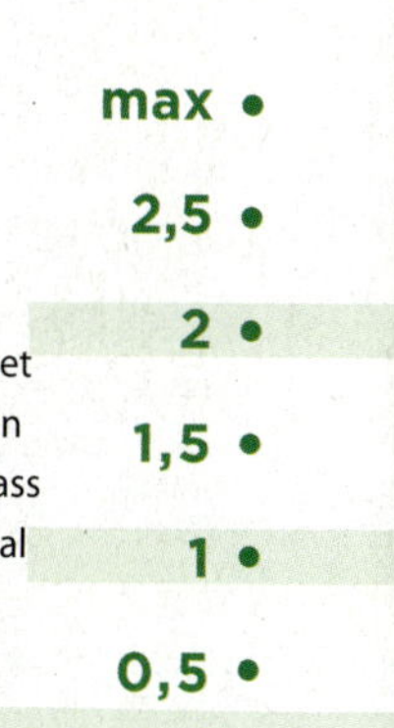

5.

Das Mixmesser kann alles

Im Boden des sitzt das Edelstahl-Mixmesser. Es ist der einzige Einsatz, den ihr benötigt, um Gemüse, Getreide und Gefrorenes zu zerkleinern, um Zutaten zu rühren, zu pürieren oder sie einfach zu vermengen. Der starke Motor ermöglicht sehr hohe Umdrehungen des Mixmessers, dass es sogar Zucker und Weizenkörner pulverisieren sowie Smoothies oder Soßen fein aufschäumen kann. Das ist übrigens einer der Gründe, warum auch Profiköch*innen gerne auf den Monsieur Cuisine setzen.

6.

So viel wiegt der Mixtopf ohne Inhalt

Es ist praktisch, das Gewicht eures Topf-Modells zu kennen – mit und auch ohne Deckel bzw. Messbecher. Bestimmt kennt ihr die Situation, dass der im Gerät steht, ihr schon einige Zutaten abgewogen, aber zwischendurch nicht auf Tara gedrückt habt. An dieser Stelle fragt ihr euch, wie viel ihr bereits eingewogen habt. Wenn ihr das Gewicht eures kennt, könnt ihr dieses einfach abziehen und erhaltet das Gewicht, das bereits eingewogen ist.

connect
ohne Deckel und Messbecher: ca. **1570 g**
mit Deckel und Messbecher: ca. **2090 g**

smart
ohne Deckel und Messbecher: ca. **1650 g**
mit Deckel und Messbecher: ca. **2190 g**

> **TIPP** Wiegt euren am besten selbst einmal und notiert die Werte auf einem Notizzettel oder speichert die Angaben griffbereit im Handy ab.

connect oder smart?

Auch wenn die Modelle sich ähnlich sehen, so ist der des Monsieur Cuisine connect optisch durch den Ein-Hand-Griff gut vom des smart zu unterscheiden. Wichtig zu wissen: Tauscht den und auch alle übrigen Zubehöre nicht untereinander aus. Alle Zubehöre funktionieren nur in dem jeweiligen Grundgerät.

7.

8.

Das Messer einfach lösen

Um das Mixmesser zu entnehmen, beispielsweise um Teig darunter zu lösen oder Topf und Messer separat zu reinigen, haltet den \≡/ mit der Unterseite nach oben vor euch und dreht mit einer Hand den kleinen schwarzen Hebel. Nun könnt ihr das Messer vorsichtig und sicher herausheben.

9.

Tipps für die Reinigung

Grundsätzlich gilt: Am besten reinigt ihr den \≡/ stets direkt nach Gebrauch, denn angetrocknete Speisereste lassen sich mühsamer entfernen. In den meisten Fällen genügt es, den Topf bei eingesetztem Mixmesser mit klarem Wasser auszuspülen oder mit 1 Tropfen Spülmittel und warmem Wasser zu waschen. Der Edelstahltopf und das Messer lassen sich rückstandslos reinigen, weshalb wir auch guten Gewissens Naturkosmetik im Monsieur Cuisine herstellen. Ihr könnt den \≡/ samt Mixmesser oder auch die Einzelteile in die Geschirrspülmaschine geben. Kocht ihr mit stärke- oder eiweißhaltigen Produkten wie Käse oder Reis für Risotto oder Milchreis, empfiehlt es sich, den \≡/ vorzuspülen.

10.

Lohnt sich ein zweites Exemplar?

Wir sagen: ja! Ganz besonders, wenn ihr mehrmals in der Woche oder vor allem mehr als einmal am Tag mit dem Monsieur Cuisine kocht oder viel backt. Auch wer viel vorkocht, ist mit einem zusätzlichen Exemplar gut beraten. Denn mit einem zweiten \≡/ braucht ihr zwischendurch nicht umzufüllen oder zu spülen und ihr könnt Teige oder Füllungen sowie Beilagen im \≡/ kalt stellen oder ruhen lassen. Befindet sich ein Exemplar in der Spülmaschine, steht das zweite bereit. Kauft unbedingt beim Hersteller oder bei einem euch bekannten Kontakt, um sicherzustellen, dass ihr ein Original erwerbt. Gut gepflegte Töpfe lassen sich übrigens auch gut wieder verkaufen.

Fotos: Archiv (7)

TREND-SPEZIAL

Outdoor-Küche für den Sommer

Um das Kochen und Backen nach draußen zu verlagern, richten wir Terrasse oder Balkon jetzt mit wetterfesten Küchenelementen und entsprechenden Accessoires für das Outdoor-Esszimmer ein

Luxus-Edition

Wer viel und gerne kocht sowie den Platz dafür übrig hat, kann sich mit dem Modulsystem von gartana eine komplette Außenküche nach Belieben kombinieren. Integrierte Spüle, Kühlschrank und Gasgrill sind optional wählbar. Vollwertige Unterschränke mit Schüben lassen keine Wünsche offen. Die Oberflächen sind wetter- und UV-beständig – und in vielen Farben erhältlich. Mehr unter www.gartana.de

Schneiden und Kochen direkt auf der Terrasse? Die Outdoorküche „Fire Kitchen" mit großer „Bowl" und trendigem Plancha-Ring ermöglicht das stilvoll. Die gusseiserne Oberfläche verteilt die Hitze gleichmäßig und hält Speisen lange warm. Ab 1400 Euro, www.hofats.com

Vorbereitetes Gemüse ist in Edelstahlschüben direkt unter dem Schneidebrett gut aufgehoben

ATMOSPHÄRE ERZEUGEN

Wie die Draußenküche auch in kleinem Maßstab umgesetzt werden kann, zeigt Tchibo mit einer Reihe neuer Outdoor-Möbel. Ein kompaktes multifunktionales Küchenmodul (699 Euro) mit Arbeitsplatte aus Aluminium, seitlichen Halterungen für Utensilien und Handtücher sowie einer Lamellenrückwand bietet dabei viel Raum für alle notwendigen Vor- und Zubereitungs-Accessoires. In der großen Konsole „Lenja" (149 Euro) mit zwei Ebenen lassen sich zusätzlich Lebensmittel, Geschirr und Deko genauso arrangieren wie im Indoor-Esszimmer. Die Möbel gibt's bis 18. bzw. 26. August exklusiv im Onlineshop und nur so lange der Vorrat reicht. Mehr Informationen unter www.tchibo.de

Fotos: gartana (1); tchibo (1); hofats (2); Archiv (2)

Der Monsieur Cuisine: eure All-in-one-Küche

Auch ohne spezielle Outdoor-Möbel könnt ihr euch auf der Terrasse oder dem Balkon eine Küche einrichten. Alles, was ihr braucht, ist euer Monsieur und eine Außensteckdose oder ein entsprechendes Verlängerungskabel. Unser Tipp: Platziert den Monsieur dabei auf jeden Fall auf einem stabilen Tisch, damit er garantiert sicher steht. Dann kann es losgehen mit dem Kochen unter freiem Himmel.

LASST DIE WÄRME DRAUSSEN

Ob frisch geerntete Tomaten aus dem Gewächshaus, Erdbeeren vom Feld oder die ersten Frühkartoffeln aus dem Beet – was gibt's Schöneres, als sie gleich draußen zu waschen und zu verarbeiten, zum Beispiel zu Tomatensoße, Erdbeerkonfitüre oder Pellkartoffeln. Das Beste beim Outdoor-Cooking ist, dass sich der Wohnraum nicht unnötig erwärmt, da der aufsteigende Wasserdampf draußen bleibt.

GEMÜSE EINLEGEN

Viel Spaß macht es, Gemüse wie Gurken, Zucchini und Möhren aus dem Hochbeet direkt zu verarbeiten und einzulegen. Mit dem Gemüsehobel- und -raspelaufsatz (www.zaubertopf-shop.de) ist die Vorarbeit schnell erledigt. Den Einkochsud stellen wir dann im her. Rezepte findet ihr bei **ZauberMix**!

MASTERCLASS

Pastasoße

Geröstete PASTASOSSE

Der aktuellste Food-Trend: Gemüse und Käse im Ofen rösten, um sie anschließend zu pürieren. Die cremigen Soßen gibt's zu frisch gekochter Pasta

Rezepte: Lukas Lotzing
Fotos & Styling: Anna Gieseler

EASY

Röstgemüse-Soße Italian Style

00 55
std : min

LOW CARB LOW FAT

PRO PORTION: 642 KCAL | 26 G E | 15 G F | 104 G KH

ZUTATEN FÜR 4 PERSONEN

- ½ Knoblauchknolle
- 1 rote Zwiebel, in Spalten
- 1 Zucchini in Scheiben, geviertelt
- 500 g Kirschtomaten
- 250 g Ricotta
- 30 g Olivenöl
- 500 g Spaghetti
- Salz
- 2 TL Gemüse-Gewürzpaste
- Pfeffer
- Blättchen von 3 Stielen Basilikum zzgl. etwas zum Garnieren

1 | Den Backofen auf 180 °C Ober-/Unterhitze vorheizen. Gemüse und Ricotta auf dem Backblech verteilen. Öl darübergeben und alles im heißen Ofen 35–40 Min. rösten. Zwischendurch wenden.

2 | Währenddessen die Pasta in reichlich kochendem Salzwasser bissfest garen und abgießen. Gemüse aus dem Ofen nehmen, etwas abkühlen lassen und Knoblauch aus der Schale drücken. Mit Gewürzpaste, ½ TL Pfeffer und Basilikum in den ⊔ geben. Den Messbecher einsetzen und Soße **45 Sek. | Stufe 8–10** aufsteigend pürieren.

3 | Die Nudeln mit Soße auf Tellern anrichten, mit Basilikum garnieren und servieren.

>TIPP Das Gemüse ist fertig geröstet, wenn die Ränder von Zwiebel, Zucchini & Co. gebräunt sind. Bitte nicht verbrennen lassen, sonst wird es bitter. Behaltet das Gemüse gegen Ende der Garzeit am besten im Auge.

CREMIGER RICOTTA

Ein 250-Gramm-Päckchen Ricotta ist die Cremekomponente unserer italienischen Pastasoße. Wird er nach dem Backen mit dem Gemüse püriert, verleiht der Frischkäse den gebackenen Tomaten, Zucchini und Knoblauchzehen eine wunderbar sämige Textur und einen authentisch italienischen Geschmack.

Röstgemüse-Soße Greek Style

00 55 std : min

LOW CARB LOW FAT

PRO PORTION: 706 KCAL | 26 G E | 22 G F | 104 G KH

ZUTATEN FÜR 4 PERSONEN

- ★ **½ Knoblauchknolle**
- ★ **1 Zwiebel, in Spalten**
- ★ **2 rote Paprikaschoten, in Stücken**
- ★ **400 g Tomaten, geviertelt**
- ★ **200 g Feta**
- ★ **Blättchen von 5 Stielen Thymian zzgl. etwas zum Garnieren**
- ★ **30 g Olivenöl**
- ★ **500 g Spaghetti**
- ★ **Salz**
- ★ **2 TL Gemüse-Gewürzpaste**
- ★ **Pfeffer**

1 | Den Backofen auf 180 °C Ober-/Unterhitze vorheizen. Gemüse mit Feta und Thymian gleichmäßig auf dem Blech verteilen. Das Öl darübergeben und alles im heißen Ofen 35–40 Min. rösten. Zwischendurch wenden.

2 | Währenddessen die Pasta in reichlich kochendem Salzwasser bissfest garen und abgießen. Gemüse aus dem Ofen nehmen, etwas abkühlen lassen und Knoblauch aus der Schale drücken. Mit Gewürzpaste und ½ TL Pfeffer vorsichtig in den [Mixtopf] geben. Den Messbecher einsetzen und die Soße **45 Sek. | Stufe 8–10** aufsteigend pürieren.

3 | Die Pasta mit Soße auf Tellern anrichten, mit Thymian garnieren und servieren.

>TIPP Durch das stufenweise Pürieren werden die Zutaten nach und nach fein zerkleinert. Stellt die Stufe mit dem Drehregler ein und dreht sie schrittweise immer höher. Das verhindert auch, dass die Soße beim Pürieren stark spritzt.

GEBACKENER KNOBLAUCH

Für unser Röstgemüse verwenden wir eine halbe Knoblauchknolle. Vor dem Backen kappen wir die Spitze und setzen die Knolle aufrecht mit der Schnittfläche nach oben aufs Blech. Das Innere der Knollen wird durch die hohe Hitze weich gegart und später wie eine Aromapaste aus der Schale herausgedrückt. So entsteht in der Pastasoße ein intensiver und vollmundiger Geschmack.

Die Extraportion
Geschmack!
EASY

RATGEBER

SOSSEN-GUIDE

Unsere zwei Röstgemüse-Soßen könnt ihr vielseitig verwenden und variieren. Probiert sie unbedingt aus!

Lohnt sich das Rösten?

Für unsere Gemüsesoßen aus dem Ofen nehmen wir einen zusätzlichen Arbeitsschritt in Kauf, der beim Kochen oder Garen von Gemüse direkt im Monsieur bzw. im Dampfgarer nicht anfällt, denn für die klassische Soßenzubereitung benötigen wir keine Backzeit vorab. Bei dieser besonderen Art der Gemüsesoße sorgt das Rösten allerdings für den entscheidenden Unterschied: Beim Backen im Ofen entstehen kräftige Röstaromen, die frischen Zutaten wie Zwiebeln, Tomaten, Paprika & Co. eine weitere geschmackliche Dimension verpassen – ähnlich wie beim Grillen. Diese Röstaromen geben der pürierten Soße einen wirklich wundervollen Geschmack. Daher sagen wir ganz klar: Das lohnt sich! Achtet beim Backen allerdings darauf, dass das Gemüse nicht verbrennt – schwarz sollte es nicht werden, nur schön goldbraun.

ALS AUFLAUFSOSSE

Unsere Röstgemüse-Soßen eignen sich auch, um damit köstliche Aufläufe zuzubereiten. Sie schmecken zu Gemüse und Kartoffeln, Hähnchen- oder Lachsfilet, Hackbällchen, Tortellini, Gnocchi oder Schupfnudeln. Gebt die Zutaten eurer Wahl in eine Auflaufform, stellt die Soße wie beschrieben her und verteilt sie gleichmäßig darüber. Wer mag, gibt noch geriebenen Gratinkäse oder Mozzarella darauf. Backt den Auflauf bei 180 °C ca. 20 Minuten.

Nach dem Rösten befindet sich auf dem Blech meist noch viel Flüssigkeit vom Gemüse. Gebt sie direkt mit in den oder haltet sie zurück und entscheidet nach dem Pürieren der Soße, ob sie weitere Flüssigkeit benötigt.

Pürieren im Monsieur

Den nur bis zur 2-Liter-Markierung befüllen, da Speisen beim Pürieren nach oben schleudern. Setzt daher stets den Messbecher ein! Für ein samtiges Ergebnis erhöht ihr die Stufe aufsteigend, so zerkleinert das Messer die Zutaten immer feiner. Der smart hat außerdem das Programm „Pürieren". Dabei ist **Stufe 8** voreingestellt und ihr müsst nur die Zeit bis maximal **2 Min.** selbst eingeben.

TIPPS FÜR ALTERNATIVE KÄSESORTEN

Wir haben in unseren beiden Rezepten Feta und Ricotta verwendet. Feta verleiht eurer Gemüsesoße eine sehr würzige, salzige Note, Ricotta wiederum sorgt für eine eher mild-sahnige. Alternativ eignet sich auch Naturfrischkäse oder solcher mit Kräutern oder Aromen wie „Toskana" von Buko, „Kräuter der Provence" von Bresso oder „Paprika-Chili" von miree. Verwendet ihr die aromatisierten Sorten, könnt ihr die Menge an Gewürzen reduzieren.

SOSSEN AUF VORRAT

Möchtet ihr Soße vorkochen oder einen Rest lagern, dann folgt unseren Tipps:

IM KÜHLSCHRANK Füllt die Soße in luftdicht verschließbare Behälter, lasst sie komplett abkühlen und setzt erst dann den Deckel auf, so entsteht im Behälter keine Feuchtigkeit. Stellt sie bis zu 5 Tage kalt.

EINFRIEREN Alternativ könnt ihr die Soße bis zu 3 Monate tiefkühlen. Zum Auftauen in den Kühlschrank stellen.

ERWÄRMEN Soße in den geben und **Stufe 1 | 90 °C** erhitzen. Alternativ für ein Ofengericht kalt über die Zutaten geben und im heißen Ofen backen.

MEAL PREP
Teilt die Soße in Portionen und lagert sie im Kühlschrank – Schraubgläser eignen sich gut. Verwendet einzelne Portionen während der Woche für unterschiedliche Gerichte.

Fotos: Kathrin Knoll (1); StockFood / Hans Gerlach (1); Arla (1); Bresso (1); miree (1); Archiv (1)

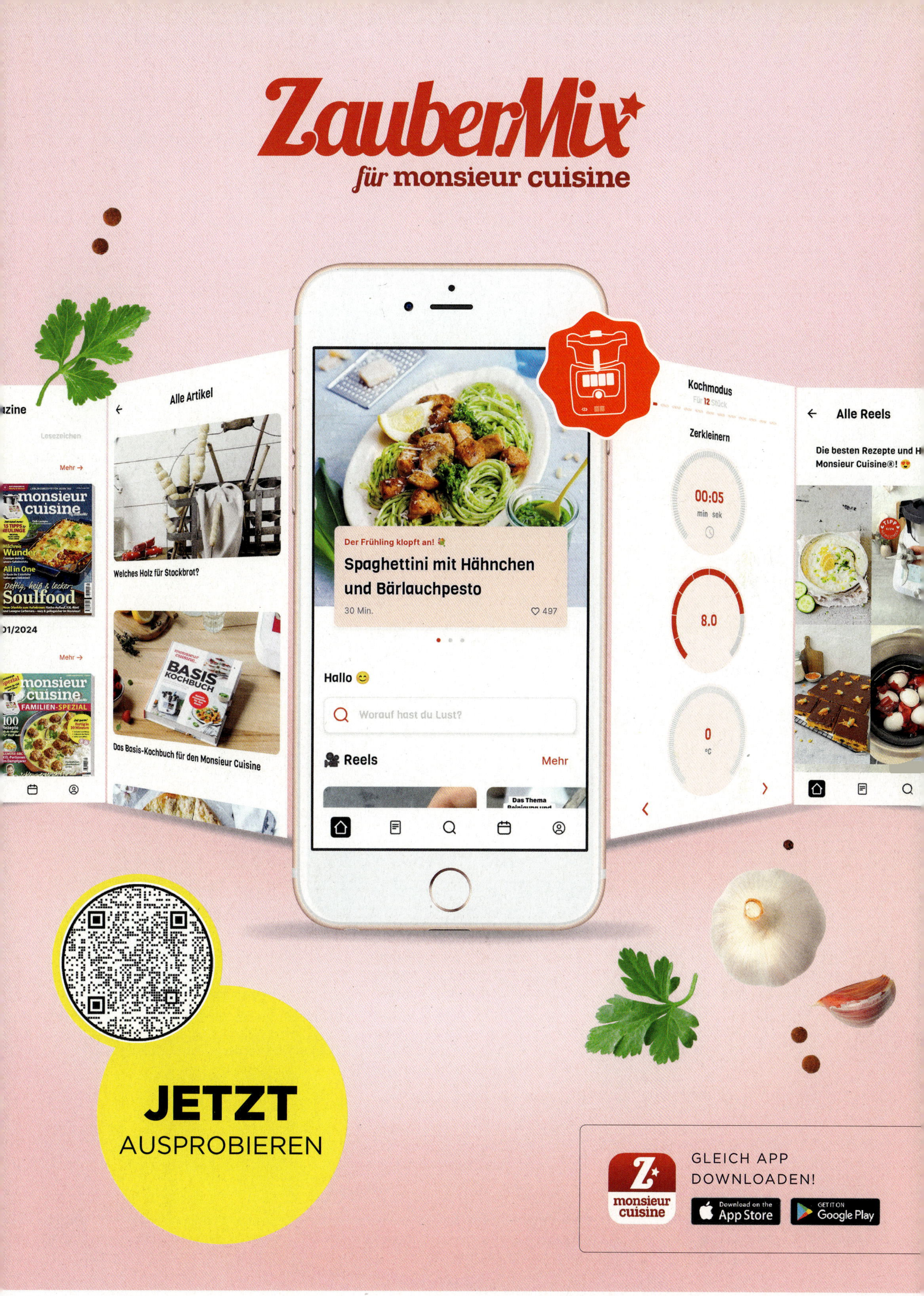

www.zaubermix.de

WOHLFÜHL Momente

Es duftet nach Sommer- und Urlaubszeit!
Wir überraschen mit angesagten Pflegeprodukten, die ihr im Monsieur Cuisine selbst herstellen könnt

Rezepte: Vera Schubert | Fotos & Styling: Anna Gieseler

NATÜRLICH HANDGEMACHT Teil 3

EASY

Rosmarinwasser für volles, gesundes Haar
Rezept siehe Seite 92

Festes Parfüm

Rezept siehe Seite 92

Illustration: Archiv (1)

SO TUT IHR EUCH GUTES

ANWENDUNG DES ROSMARINWASSERS

Das Rosmarinwasser kann bei regelmäßiger Anwendung die Durchblutung der Kopfhaut fördern und so das Wachstum anregen, das Haar stärken und ihm Glanz verleihen.

PFLEGE Sprüht das Wasser nach der Haarwäsche auf die feuchten Haare und massiert es in die Kopfhaut ein.
SPÜLUNG Nach dem Waschen auf die nassen Haare geben, nach kurzem Einwirken ausspülen.
MASKE Für ca. 30 Minuten einwirken lassen und ausspülen.
LEAVE-IN Lasst euer Haar mit Rosmarinwasser trocknen.

HANDLICHES PARFÜM

Mit selbst gemachtem Parfüm spart ihr nicht nur jede Menge Verpackung, die kleinen Tiegel passen auch perfekt in die Handtasche oder den Kulturbeutel für unterwegs. Weiterer Pluspunkt: die pflegenden Inhaltsstoffe! Festes Parfüm könnt ihr ebenso wie herkömmliches Parfüm verwenden: Einfach an der Innenseite der Handgelenke, am Hals, hinter den Ohren oder im Dekolleté auftragen. Die Körperwärme hilft dabei, das Parfüm zu schmelzen und auf der Haut zu verteilen. Seid beim Auftragen eher sparsam, weil es viel konzentrierter ist als flüssige Produkte.

Rosmarinwasser für volles, gesundes Haar

00 40 std : min

ZZGL. 2 STD. RUHEZEIT

ZUTATEN FÜR 2 FLASCHEN À 500 ML

- **1000 g Wasser**
- **10 frische Rosmarinzweige**

1 Wasser in den Mixtopf geben und **10 Min.** | **Stufe 1** | **100 °C** aufkochen lassen.

2 Rosmarinzweige zugeben und **25 Min.** | Linkslauf | **Stufe 1** | **80 °C** ziehen lassen.

3 Den Sud durch den Kocheinsatz abgießen und die Flüssigkeit dabei auffangen. Das Rosmarinwasser ca. 2 Std. vollständig abkühlen lassen, dann in Sprühflaschen umfüllen.

>**TIPP** Das Rosmarinwasser kann je nach Bedarf bei jeder Haarwäsche oder einmal pro Woche angewendet werden.

Festes Parfüm

00 10 std : min

ZZGL. 2 STD. RUHEZEIT

ZUTATEN FÜR 4 TIEGEL À 20 ML

- **50 g Mandelöl**
- **10 g Kakaobutter**
- **10 g Bienenwachspastillen**
- **15 Tropfen ätherisches Orangenöl**
- **25 Tropfen ätherisches Rosenöl**
- **10 Tropfen ätherisches Sandelholzöl**

1 Mandelöl, Kakaobutter sowie Bienenwachs in den Mixtopf geben und **5 Min.** | **Stufe 1** | **70 °C** erhitzen. Ggf. mit dem Spatel nach unten schieben und den Vorgang 1 Min. wiederholen.

2 Öle zugeben, **20 Sek.** | **Stufe 2** vermengen. In Tiegel füllen, ca. 2 Std. aushärten lassen.

>**TIPP** Den Duft des Parfüms könnt ihr mit der Wahl der ätherischen Öle individuell verändern.

FÜR EINEN SPA-DAY *zu Hause*

REDAKTIONSTIPP

Unsere beiden duftenden Kleinigkeiten eignen sich jetzt zur Hochzeits-Saison auch als wertvolle kleine Mitbringsel oder Gastgeschenke. Seid ihr zu einem Sommerfest geladen, könnt ihr mit dem praktischen Tiegel jederzeit etwas frischen Duft nachlegen.

Natur PUR

Auf unsere Haut kommt nur, was wirklich natürlich ist. Auch im Monsieur verarbeiten wir diese Basics guten Gewissens. Mehr Inspiration für hausgemachte Kosmetik findet ihr bei ZauberMix

*Es lohnt sich, in **gute Inhaltsstoffe** zu investieren, die immer wieder zum Einsatz kommen. Zu unseren Top-Favoriten gehören ätherisches und hochwertiges Mandel-Öl.*

Basics FÜR KOSMETIK

Für mehr Selbstgemachtes
Wir bestellen unsere Basisprodukte für Kosmetik- und Wellnessartikel sowie für hausgemachte Naturheilmittel gern bei der Online-Apotheke Aliva. Die Produkte könnt ihr aufbrauchen, indem ihr die Rezepte unserer Serie „Natürlich Handgemacht" zubereitet, da wir immer wieder Basics wie Bienenwachs, ätherisches Öl und Sheabutter verwenden. **Unsere Lieblingsprodukte** findet ihr unter www.aliva.de/c/themenwelten/zauberwelt

-10 %* RABATT

aliva apotheke

10 %* Rabatt auf ausgewählte Produkte:
www.aliva.de/c/themenwelten/zauberwelt

CODE:
Zauber-10

Fotos: Kathrin Knoll (1); Aliva Apotheke (2) | *Der Rabatt gilt für Online-Bestellungen ab 50 €, nur für rezeptfreie Produkte der Kategorie Themenwelten / ZauberWelt, außer für Bücher. Der Rabatt ist nicht mit anderen Geschenken & Aktionen kombinierbar, nur einmalig & nicht rückwirkend einlösbar. Keine Barauszahlung möglich. Einlösbar bis 31.12.2024. Angebote & Aktionsartikel nur solange der Vorrat reicht. Änderungen bei Druckfehlern vorbehalten. Preise in Euro inkl. Mehrwertsteuer zzgl. Versandkosten. Auslieferung nur innerhalb Deutschlands.

COMMUNITY

Eure Post

Wir zeigen zauberhafte Momente aus euren Küchen!

Svenja Redakteurin

Ich freue mich über eure Nachrichten, Fragen und schönen Fotos, die ihr an redaktion@zaubermix.de schickt. Gern weiter so!

ABKÜHLUNG FÜR KAFFEE-FANS

Unser selbst gemachtes Eiskaffeepulver ersetzt schon jetzt für viele **ZauberMix** Fans das Fertigprodukt aus dem Supermarkt. Community-Mitglieder Tommy, Jasmin und Pucci haben es schon ausprobiert und ihre Fotos hochgeladen. Das Besondere an diesem Pulver: Ihr benötigt nur vier Zutaten und die Zubereitung ist in unter einer Minute erledigt. Da steht einer hausgemachten Erfrischung im Sommer nichts mehr im Wege. Lasst es euch schmecken, ihr Lieben!

Der absolute Knusper-Hit

„Wow waren die lecker! Die Zubereitung war einfach und hat sogar meinem Sohn Spaß gemacht. Wird jetzt nur noch so gemacht." Das schreibt uns Community-Mitglied Schippi. Danke dir, Schippi und deinem Sohn! Das Rezept für die Crispy Chicken Nuggets stammt aus unserer letzten Ausgabe von monsieur cuisine by ZauberMix 02/24. Seit wir sie veröffentlicht haben, wurden sie schon sehr häufig gekocht, kommentiert und fotografiert. Uns freut besonders, wenn wir zeigen können, wie viel man im Monsi doch tatsächlich sehr einfach selbst machen kann.

LUFTIGER HEFETEIG IM DAMPFGARER!

Kürzlich zeigte Isy auf unserem YouTube Kanal, wie der perfekte Hefeteig für einen Hefezopf gelingt. Zuschauerin Annaliesken hat damit einen Erfolg verbucht und ließ folgende Botschaft da: *„Klasse! Ich war sehr skeptisch, weil der Teig im Topf sehr fest aussah. Ich habe mich dann doch für das Rezept entschieden. Im Dampfgaraufsatz ist der Teig super hochgegangen, obwohl meine Trockenhefe schon seit Dezember abgelaufen war. Danach ließ er sich wieder gut kneten und verarbeiten mit Rosinen und kleinen Apfelstückchen. Ich hatte eine Wassermenge von etwa 1 Liter in den Mixtopf gegeben. Der Teig ist superfluffig – auch am nächsten Tag noch."*

EIN 15-MINUTEN-FAVORIT

Wok-Gemüse aus dem Monsieur Cuisine? Ja, das geht tatsächlich. Mit unserem Rezept wurde der Klassiker schon vielfach in euren Küchen zubereitet und die Ergebnisse sprechen für sich. Ihr Lieben, ihr macht das alle wirklich großartig und die Menschen, die eure Leckerbissen serviert bekommen, haben wirklich großes Glück, dass ihr so sensationelle hausgemachte Speisen auf den Tisch stellt!

Fotos: Kathrin Knoll (1); StockFood/Jan Wischnewski (1); Privat (2); Archiv (2)

monsieur cuisine by ZauberMix

www.zaubermix.de

IMPRESSUM

Verlag
falkemedia GmbH & Co. KG, Pahlblöken 15–17, 24232 Schönkirchen
Tel. +49 431 200 766-0, Fax +49 431 20 07 66 50
E-Mail: redaktion@zaubermix.de, www.zaubermix.de

Herausgeber
Kassian Alexander Goukassian (v. i. S. d. P.)

Mitglied der Geschäftsleitung & Ltg. Marketing
Wolfgang Pohl

Chefredakteurin/Teamleitung
Vivien Koitka

Redaktion (redaktion@zaubermix.de)
Dr. Tanja Lindauer, Stefanie Nickel, Svenja Rudolf, Hanna Schliemann, Hannah Hold (Elternzeit);
Chefin vom Dienst: Nicole Neumann

Rezeptentwicklung
Lukas Lotzing, Elisa Schilling, Vera Schubert, Charlotte Heyn (Elternzeit)

Art-Direktion
Marleen Osbahr

Layout und Bildbearbeitung
Doro Padilla, Kathrin Knoll (Bildbearbeitung), Lisza Clausen (Elternzeit)

Lektorat
Julia Voigtländer

Fotografen dieser Ausgabe
Tina Bumann, Maren Eicks, Anna Gieseler, Kathrin Knoll, Sandra Leibinger, Ira Leoni, Désirée Peikert

Abonnementbetreuung
abo@zaubertopf.de
Tel. +49 711 82651 293
mein ZauberTopf Abo-Service, Postfach 810640, 70523 Stuttgart

Mediaberatung
Tim Schöneberg (tim@nicemountain.de)
www.nicemountain.de, Tel. +49151 56 16 65 61

Silja Aicher (kontakt@aichermediakontor.de)
Aicher Mediakontor, Tel. +49 40 87 07 44 41

Martin Wetzel (Martin.Wetzel@brmedien.de)
Tel. +49 2241 17 74 14, Fax +49 2241 17 74 20

Sascha Eilers (s.eilers@falkemedia.de), Tel. +49 4340 49 93 79, Mobil +49 151 53 83 44 12, Fax +49 4340 49 93 91

Anzeigenkoordination
Dörte Schröder (d.schroeder@falkemedia.de)
Tel. +49 431 20 07 66 12

Anzeigenpreise
Siehe Mediadaten 2024 unter www.zaubertopf.de

Produktionsmanagement/Druck
Stark Druck GmbH & Co. KG, www.stark-gruppe.de

Vertrieb
DMV Der Medienvertrieb GmbH & Co. KG
Meßberg 1, 20086 Hamburg

Vertriebsleitung
Hans Wies, DMV Der Medienvertrieb GmbH & Co. KG (Hans.Wies@dermedienvertrieb.de)

Bezugsmöglichkeiten
Abo, Zeitschriften- und Buchhandel, Bahnhöfe, Flughäfen

Einzelpreis: 6,20 Euro (reguläres Heft), 10,99 Euro (Spezial)
Jahresabonnement: 55,90 Euro. Europäisches Ausland zzgl. 0,90 Euro je Ausgabe. In den Preisen sind Mehrwertsteuer und Zustellung enthalten. Bezogen auf 6 reguläre und 2 Spezial-Ausgaben zzgl. E-Paper p. a. Der Verlag behält sich die Veränderung der Erscheinungsfrequenz vor.

Bei falkemedia erscheinen außerdem die Publikationen mein ZauberTopf, So is(s)t Italien, NaturApotheke, Mac Life, BEAT, DigitalPHOTO und BÜCHER.
© falkemedia, 2024 | www.falkemedia.de | ISSN 2510-392X

falkemedia
Wir begeistern Menschen.

RATESPASS

Während der Monsieur etwas Leckeres für euch kocht, habt ihr Zeit, unser Rätsel zu lösen!

Gewinnt 2 × 1 SodaStream DUO Set im Wert von insgesamt 400 Euro

JETZT MITMACHEN!

Praktisch, sparsam und nachhaltig: Wasser zu sprudeln liegt im Trend! Gewinnt jetzt eine SodaStream DUO™ in der Farbe Titan mit einer Glasflasche für zu Hause und einer Kunststoffflasche für unterwegs – beide sind spülmaschinentauglich! Dazu gibt's die 6 leckeren Bio-Sirups für hausgemachte Limo. Mit dabei: Apfel, Pink Grapefruit, Zitrone, Ginger Ale, Cassis und Orange – jeder Sirup genügt für bis zu 3,5 Liter Fertiggetränk! Teilnahme bis zum 28.6.2024 unter www.zaubermix.de/sodastream-verlosung

Lösungswort 2/24: OSTERGLUECK

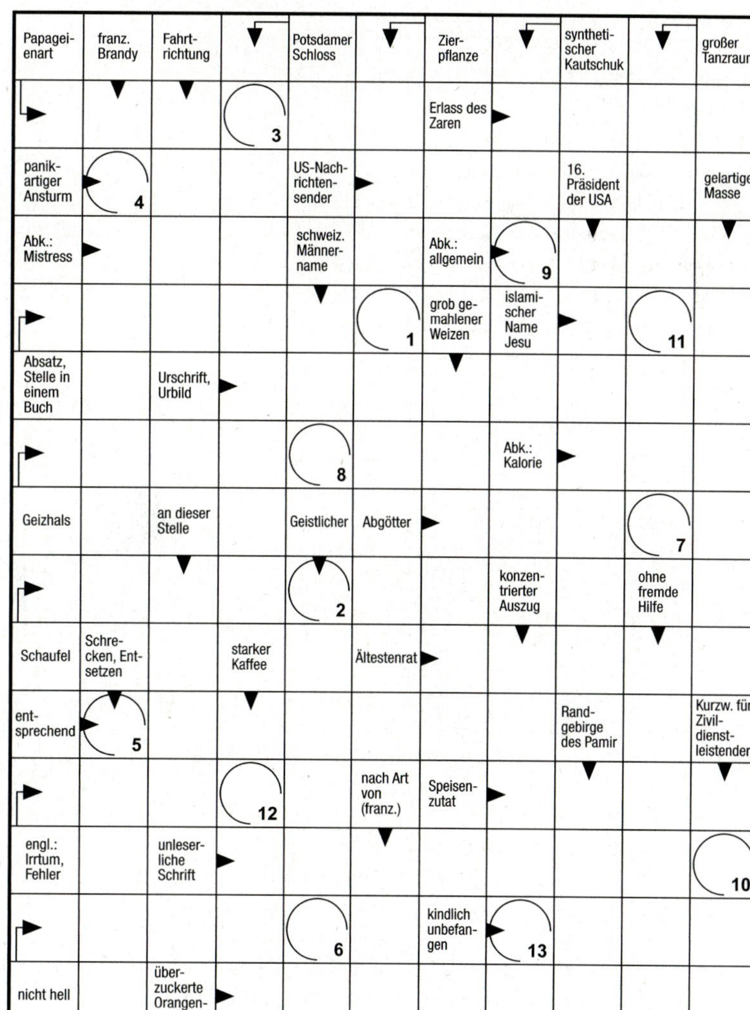

LÖSUNGSWORT:

1	2	3	4	5	6	7	8	9	10	11	12	13

Hausgemachte FRANZBRÖTCHEN

So backt ihr die Hamburger Plunderteig-Teilchen
mit unwiderstehlicher Zimtfüllung ganz einfach selbst

Rezepte: Sandra Leibinger
Fotos & Styling: Anna Gieseler & Sandra Leibinger

Franzbrötchen
Rezept siehe Seite 98

3 STEPS

1. AUFROLLEN
Den Teig rollt ihr von der langen Seite her eng und fest ohne zu viel Druck auf, damit die Teig-Butter-Schichten nicht zerdrückt werden.

2. SCHNEIDEN
Schneidet dann trapezförmige Stücke von der Rolle. So entsteht später die typische Franzbrötchenform.

3. FORMEN
Drückt die Teigstücke mit einem Kochlöffelstiel ein, dabei die schmalere Seite weiter nach unten drücken, sodass sich die Seiten der Franzbrötchen etwas nach oben auffächern.

Drei Profi-Handgriffe für das perfekte Ergebnis

Franzbrötchen

01 00 std : min

LOW CARB LOW FAT

PRO STÜCK: 536 KCAL | 9 G E | 21 G F | 80 G KH

ZZGL. 1 STD. RUHEZEIT

ZUTATEN FÜR 8 STÜCK

- **250 g Milch**
- **20 g frische Hefe**
- **200 g Zucker**
- **60 g weiche Butter, in Stücken**
- **550 g Weizenmehl Type 405 zzgl. etwas zum Bearbeiten**
- **Salz**
- **120 g kalte Butter, in Stücken**
- **2 TL Zimt**

1 Milch, Hefe sowie 80 g Zucker in den Mixtopf geben und **3 Min.** | **Stufe 2** | **37°C** erwärmen. Butter, Mehl sowie 1 Prise Salz zufügen und **2 Min.** | Teigstufe kneten. Den Teig umfüllen und abgedeckt ca. 30 Min. gehen lassen.

2 Den Teig auf einer bemehlten Arbeitsfläche zum Rechteck ausrollen (etwa die Größe eines Backblechs). Die kalte Butter in Stücken zwischen 2 leicht bemehlte Blätter Backpapier legen und mit dem Nudelholz dünn ausrollen. Die Butterplatte auf eine Teighälfte legen, die andere darüberklappen und leicht andrücken.

3 Die Teigplatte erneut auf Backblechgröße ausrollen und ein Drittel zur Mitte klappen, das andere Drittel darüber. Die Teigplatte in Frischhaltefolie einwickeln und 30 Min. in den Kühlschrank legen.

4 2 Bleche mit Backpapier belegen. Teig mit dem Nudelholz auf ca. 40 × 30 cm ausrollen, mit Wasser bestreichen. Restlichen Zucker mit Zimt mischen. Zwei Drittel des Zimt-Zuckers auf den Teig streuen, von der Längsseite aufrollen.

5 Die Teigrolle abwechselnd schräg einschneiden, sodass 4–5 cm große trapezförmige Stücke entstehen. Die Stücke mit genügend Abstand und der Nahtstelle nach unten auf die Backbleche setzen. Mit einem Kochlöffelstiel in die Mitte der Teigstücke drücken, sodass die inneren Schichten nach außen gedrückt werden. So entsteht die typische Franzbrötchenform.

6 Die Franzbrötchen mit der restlichen Zucker-Zimt-Mischung bestreuen. Dann im nicht vorgeheizten Backofen nacheinander bei 200 °C Ober-/Unterhitze 18–25 Min. backen. Herausnehmen, auskühlen lassen und servieren.

>TIPP Lasst die Kühlzeit in Schritt 3 nicht aus, sonst wird die Butter im Teig zu weich.

Franzbrötchen-Creme

00 10 std : min

LOW CARB LOW FAT

PRO PORTION (1 EL): 45 KCAL | 0 G E | 3 G F | 4 G KH

ZZGL. 8 STD. RUHEZEIT

ZUTATEN FÜR 1 GLAS À 250 ML

- **100 g weiße Schokolade, in Stücken**
- **100 g Sahne**
- **25 g brauner Rohrzucker**
- **25 g Butter**
- **½ TL gemahlener Zimt**

1 Die Schokolade in den Mixtopf geben und **10 Sek.** | **Stufe 8** zerkleinern.

2 Restliche Zutaten zugeben und **4 Min.** | **Stufe 2** | **60°C** vermengen.

3 Die flüssige Creme in ein Glas füllen, verschließen und über Nacht kalt stellen, erst dann wird sie fester. Nach Belieben servieren.

>TIPP Die Creme eignet sich als Brotaufstrich, als Füllung für Torten oder Pralinen und vieles mehr. Lagert sie im Kühlschrank, so ist sie mindestens 2–3 Wochen haltbar. Die Creme wird wieder softer und streichfähiger, wenn ihr sie schon einige Zeit vor der Verwendung aus dem Kühlschrank nehmt.

RATGEBER

HAMBURGS BESTE

Wie ihr den Klassiker Franzbrötchen vorbereitet, verfeinert oder auch köstlich variiert

PLUNDERTEIG

Die Basis für echte Franzbrötchen ist ein Plunderteig. Der gelingt ganz leicht: Wir belegen dafür einen süßen Hefeteig mit Butter und arbeiten sie durch Falten und Ausrollen des Teigs ein. Die Butter sorgt für das knusprige Ergebnis. So unterscheiden sich Franzbrötchen von Zimtschnecken.

Dreimal anders

Probiert anstelle der klassischen Zimt-Zucker-Mischung auch andere feine Füllungen aus!

1 – MOHN Für eine nussige Note vermischt 6 EL Zucker und 3 TL Zimt zusätzlich mit 3–4 EL Mohn.

2 – SCHOKOLADE
Verrührt 1–2 EL Kakao mit 75 g weicher Butter und streicht die Mischung auf den Teig.

3 – APFEL Schneidet 500 g geschälte Äpfel ganz fein und verteilt sie auf der Teigplatte.

Fotos: Anna Gieseler (2); Ankerkraut (1)

PROFITRICK

Wusstet ihr, dass ihr für den perfekten Schnitt auch Nähgarn oder ungewachste Zahnseide verwenden könnt? Einen Faden unter die Rolle ziehen, dann die Enden überkreuzen und zusammenziehen. So drückt ihr die Rolle nicht mit dem Messer flach.

Frisch halten und einfrieren

Im Kühlschrank

Die fertig gebackenen Franzbrötchen könnt ihr 3–4 Tage kalt stellen, lagert sie dafür in einer Brotdose im Kühlschrank. Vor dem Servieren 4–5 Minuten bei 200 °C Ober-/Unterhitze oder 1–2 Minuten auf dem Toaster-Rost aufbacken.

Im Gefrierfach

Frische Franzbrötchen könnt ihr in Beutel verpacken, diese fest verschließen und einfrieren. Lasst die Franzbrötchen bei Bedarf über Nacht im Kühlschrank auftauen und backt sie wie nach dem Kühlen (s. o.) im Ofen oder auf dem Toaster-Rost auf.

ODER MIT STREUSELN?

60 g Butter in den geben und **4 Min. | Stufe 2 | 60 °C** schmelzen. 75 g Mehl, 50 g gemahlene Mandeln, 75 g Zucker und 1 Prise Salz zugeben, alles **30 Sek. | Stufe 4** zu Streuseln verarbeiten. Franzbrötchen mit 1 verquirltem Ei bestreichen, mit Streuseln und Zimt-Zucker bestreuen. Nach Rezept backen.

Verwendet für eure hausgemachten Franzbrötchen Zimt von guter Qualität. Der ***Bio Ceylon Zimt*** *von Ankerkraut kommt im schicken 55-g-Glas mit aromaschonendem Korken. Ca. 7 Euro, www.ankerkraut.de*

DAS JAHRES-KOMBI-ABO INKL. E-PAPER

8 AUSGABEN + E-PAPER UND PRÄMIE NACH WAHL

+

6 AUSGABEN + 2 Sonderausgaben
Print inkl. E-Paper
55,90 €

WUNDERPEELER® V2

Der Kartoffelschäler ermöglicht es, Gemüse bequem mit der Power des Monsieur zu schälen. Das spart Zeit und Mühe. In unter 5 Minuten ist so 1 Kilo fertig zum Kochen.
Ohne Zuzahlung, ~~24,90~~ Euro
Prämien-ID: F1520

DAS FAMILIENKOCHBUCH

Mit dem Monsieur Cuisine, köstlichen Rezepten und tollen Tricks kocht ihr eure Familienlieblinge ab sofort ganz einfach selbst – ohne Fertigtüte, dafür mit umso mehr Geschmack.
Ohne Zuzahlung, ~~14,90~~ Euro
Prämien-ID: F1514

WUNDERGRIP

Mit dem praktischen Einhandgriff lässt sich der Mixtopf mit nur einer Hand aus dem Gerät heben und das Umfüllen von Teigen, Marmeladen, Shakes & Co. fällt extraleicht.
Zuzahlung nur 9 Euro, ~~29,95~~ Euro
Prämien-ID: F1502

JETZT BESTELLEN UNTER:
www.zaubermix.de/kombiabo

Bestellnummer: MC22ONEE

Fotos: Archiv

* Diese Angaben gelten nur innerhalb Deutschlands. Alle Prämien erhältlich, nur so lange der Vorrat reicht. Originalprodukt kann von Abbildung abweichen.

Unsere neuen GRILL-HITS 2024

Lukas Rezeptentwickler

BEILAGEN-PROFI

Der Monsieur ist speziell während der Grillsaison nicht wegzudenken! Wie sollten wir ohne ihn all die bunten Salate, Dressings, Dips und Soßen zubereiten, die unsere Grillabende zu einem zuverlässigen Rundum-Erfolg machen?

Jetzt geht's ab auf die Terrasse und ran an den Grill. Für die geselligen Stunden mit lieben Freunden decken wir den Gartentisch mit allerhand neuen Leckereien. Für uns sind sie die Stars dieses Sommers!

Rezepte: Lukas Lotzing

Foto: Ira Leoni

Limetten-Aioli
Rezept siehe Seite 107

Zwiebelbrot-Fackeln mit Frikadellen
Rezept siehe Seite 110

Schneller Nudelsalat
Siehe Tipp auf Seite 112

Tornado-Kartoffeln

COOLER GRILLTREND
Die Idee für gefächerte Kartoffeln am Spieß stammt von Jamie Oliver. Die kleinen Tornados sorgen beim Grillabend garantiert für staunende Gäste. Der Parmesan-Kräuter-Mix verleiht ihnen unwiderstehliche Würze.

Smashed Potato Salad

Tornado-Kartoffeln à la Jamie Oliver

00 35 std : min

LOW CARB LOW FAT

PRO STÜCK: 221 KCAL | 7 G E | 10 G F | 26 G KH

ZUTATEN FÜR 8 STÜCK

- **8 große Kartoffeln (à ca. 150 g)**
- **100 g Parmesan, in Stücken**
- **50 g Olivenöl**
- **2 TL geräuchertes Paprikapulver**
- **1 TL Knoblauchpulver**
- **1 TL getrocknete italienische Kräuter**
- **1 TL Salz**
- **½ TL Pfeffer**
- **grobes Meersalz zum Bestreuen**

AUSSERDEM

- **8 Grillspieße**
- **Grillschale**

1 Die Kartoffeln längs auf die Spieße stecken und ganz durchschieben.

2 Mit einem Messer einen Schnitt an einem Ende der Kartoffeln setzen und das Messer bis zum Spieß führen. Spieß vorsichtig drehen und dabei weiterschneiden, sodass eine Spirale entsteht. Kartoffeln in einer Grillschale verteilen.

3 Parmesan im Mixtopf **10 Sek. | Stufe 10** zerkleinern. 2 EL umfüllen und beiseitestellen. Öl, Paprikapulver, Knoblauchpulver, Kräuter, Salz sowie Pfeffer zufügen, **5 Sek. | Stufe 5** vermengen. Kartoffeln mit der Marinade bestreichen und 12–15 Min. grillen, dabei regelmäßig wenden.

4 Die Kartoffeln mit Parmesan sowie Meersalz bestreuen und servieren.

>TIPP Die Spiralen sollten möglichst fein sein, damit die Kartoffeln schön knusprig werden! Alternativ könnt ihr dafür auch einen Spiralschneider benutzen.

Smashed Potato Salad

01 00 std : min

LOW CARB LOW FAT

PRO PORTION: 481 KCAL | 7 G E | 32 G F | 42 G KH

ZUTATEN FÜR 4 PERSONEN

- **500 g Wasser**
- **800 g Drillinge**
- **3 EL Olivenöl**
- **Salz**
- **1 Zwiebel, halbiert**
- **1 Knoblauchzehe**
- **200 g Sahnejoghurt**
- **100 g Mayonnaise**
- **1 TL getrocknete Dillspitzen**
- **1 EL Essig**
- **1 TL Senf**
- **3 Prisen Pfeffer**
- **1 Salatgurke, in Würfeln**

1 Wasser in den Mixtopf füllen. Drillinge im Dampfgarer verteilen, diesen verschlossen aufsetzen und **15 Min.** | Varoma garen.

2 Backofen auf 180 °C Umluft vorheizen. Ein Backblech mit Backpapier auslegen. Kartoffeln auf das Blech geben und zerdrücken. Mit Olivenöl begießen, salzen und 40–45 Min. knusprig bräunen.

3 Für das Dressing die Zwiebel und Knoblauchzehe in den Mixtopf geben und **5 Sek. | Stufe 8** zerkleinern. Joghurt, Mayonnaise, ½ TL Salz, Pfeffer, Dill, Essig und Senf zugeben und **10 Sek. | Stufe 4** verrühren und in eine Schüssel umfüllen.

4 Salatgurke halbieren, vierteln, in kleine Stücke schneiden und unter das Dressing heben. Die Kartoffeln etwas abkühlen lassen, in Stücke teilen und ebenfalls unterrühren.

>TIPP Am besten hebt ihr die Kartoffeln abgekühlt unter, damit die Kartoffeln kross bleiben. Verzehrt ihn den Salat am besten frisch, da die Kartoffelschalen dann noch schön crispy sind.

Fotos: Anna Gieseler (1); Sandra Leibinger (1)

Tomaten-Zaziki

00 10 std : min

LOW CARB · LOW FAT

PRO PORTION (30 G): 29 KCAL | 1 G E | 2 G F | 1 G KH

ZUTATEN FÜR 850 G

- ★ **1 Gurke, entkernt, in Stücken**
- ★ **1 TL Salz**
- ★ **Spitzen von 8 Stielen Dill**
- ★ **3 Knoblauchzehen**
- ★ **30 g getrocknete Tomaten**
- ★ **400 g Sahnejoghurt**
- ★ **30 g Olivenöl zzgl. etwas zum Garnieren**
- ★ **2 EL Tomatenmark**
- ★ **Abrieb und Saft von ½ unbehandelten Zitrone**
- ★ **1 TL getrocknete italienische Kräuter**
- ★ **½ TL Pfeffer**

1 | Gurke mit Salz in den [Mixtopf] geben und **4 Sek. | Stufe 6** zerkleinern. Die Masse in ein Sieb geben und mit den Händen gut ausdrücken. Den [Mixtopf] spülen.

2 | Dill in den [Mixtopf] geben und **2 Sek. | Turbo** zerkleinern. Knoblauch dazugeben und **5 Sek. | Stufe 8** zerkleinern. Mit dem [Spatel] nach unten schieben. Ausgedrückte Gurkenraspel hinzufügen. Restliche Zutaten zugeben und **25 Sek. | [Linkslauf] | Stufe 3** verrühren.

>HALTBARKEIT Im Kühlschrank gelagert ist der Dip ca. 3 Tage haltbar.

JOGHURTFRISCH

Zaziki ist der Inbegriff eines frischen Sommerdips. Die sahnige Zubereitung heben wir mit Tomatenmark und getrockneten Tomaten auf ein neues Level. Für die Cremigkeit greift zu Sahnejoghurt oder auch griechischem Joghurt mit 10 % Fett.

Limetten-Aioli

Limetten-Aioli

LOW CARB LOW FAT

00 10 std : min

PRO PORTION (30 G): 208 KCAL | 1 G E | 23 G F | 0 G KH

ZUTATEN FÜR 350 G

- 3 Knoblauchzehen
- 1 Ei
- 1 TL Essig
- 1 unbehandelte Limette
- ½ TL Salz
- 2 Prisen Pfeffer
- 250 g Sonnenblumenöl

1 | Knoblauch in den Mixtopf geben und **5 Sek. | Stufe 8** zerkleinern. Mit dem Spatel nach unten schieben.

2 | Ei, Essig, Abrieb von 1 Limette und Saft von ½ Limette, Salz sowie Pfeffer hinzufügen und **2 Min. | Stufe 4** einstellen. Langsam das Öl auf den Deckel gießen und am Messbecher vorbei auf das laufende Messer fließen lassen. Umfüllen und mit Limettenabrieb garniert servieren.

>HALTBARKEIT Im Kühlschrank aufbewahren und am selben Tag verbrauchen.

Fotos: Anna Gieseler

Joppiesauce

00 15 std : min

LOW CARB · LOW FAT

PRO PORTION (1 EL): 38 KCAL | 0 G E | 4 G F | 0 G KH

ZUTATEN FÜR 350 G

- 1 sehr frisches Ei
- 2 TL Zitronensaft
- 1 TL Dijon-Senf
- ¼ TL feines Meersalz
- 1 Prise Pfeffer
- 150 g Öl zzgl. etwas zum Andünsten
- 1 Zwiebel, halbiert
- 40 g Gewürzgurken
- 1 TL Currypulver
- 2 EL Tomatenketchup
- 1 TL Weißweinessig

1 Ei, Zitronensaft, Senf, Salz und Pfeffer im [Mixtopf] **20 Sek. | Stufe 4** vermengen.

2 Öl in ein separates Gefäß einwiegen und beiseitestellen. Anschließend **2 Min. | Stufe 4** einstellen. Öl auf den Deckel des [Mixtopf] gießen und am Messbecher vorbei in den [Mixtopf] laufen lassen. Die Mayonnaise umfüllen und den [Mixtopf] spülen.

3 Zwiebel mit Gewürzgurken in den [Mixtopf] geben, **5 Sek. | Stufe 7** zerkleinern. Mit dem [Spatel] nach unten schieben. 2 TL Öl und Currypulver zugeben und **2 Min. | Stufe 2 | 120°C** dünsten.

4 Mayonnaise, Ketchup und Weißweinessig zugeben und **20 Sek. | Stufe 3** verrühren. Bis zum Verzehr kalt stellen.

>HALTBARKEIT Die Joppiesauce innerhalb von 1 Tag aufbrauchen.

>INFO Was ist eigentlich Joppiesauce? Die gelbe Creme stammt aus den Niederlanden und wird klassischerweise zu Pommes oder anderen frittierten Snacks gereicht. In seiner Heimat heißt das Gericht „patatje Joppie". Die Soße besteht aus Mayonnaise, Zwiebeln und Gewürzen.

Potato Wedges

00 40 std : min

LOW CARB · LOW FAT

PRO PORTION: 309 KCAL | 5 G E | 13 G F | 43 G KH

ZUTATEN FÜR 4 PERSONEN

- 3 Knoblauchzehen
- 20 g Petersilienblättchen
- 50 g Olivenöl
- 1 TL getrockneter Rosmarin
- ½ TL edelsüßes Paprikapulver
- 1 TL getrockneter Thymian
- 1 TL Salz
- 1000 g festkochende Kartoffeln, in Spalten

1 Knoblauch mit Petersilie in den [Mixtopf] geben und **5 Sek. | Stufe 8** zerkleinern. Mit dem [Spatel] nach unten schieben. Öl, Rosmarin, Paprika, Thymian sowie Salz zufügen und **20 Sek. | Stufe 3** vermischen. In eine große Schüssel umfüllen, Kartoffelspalten zugeben und gut vermengen.

2 Eine große Grillschale aus Alu oder Edelstahl bereitstellen. Die Wedges in der Grillschale verteilen und diese auf den Rost stellen. Bei mittlerer Hitze ca. 30 Min. grillen, bis sie weich sind, dabei gelegentlich wenden.

>TIPP Ihr könnt hier auch die Marinade für die Tornado-Kartoffeln verwenden.

Fotos: Sandra Leibinger, Anna Gieseler

Knobi-Dip

00 10 std : min

LOW CARB LOW FAT

PRO PORTION (30 G): 55 KCAL | 2 G E | 5 G F | 1 G KH

ZUTATEN FÜR 500 G

- 3 Knoblauchzehen
- 15 g gemischte Kräuter (z. B. Petersilie, Schnittlauch) zzgl. etwas zum Garnieren
- 250 g Quark
- 200 g Schmand
- 1 TL Senf
- ½ TL Salz
- 3 Prisen Pfeffer

Knoblauch in den [Mixtopf] geben, **5 Sek. | Stufe 8** zerkleinern. Kräuter zugeben und **6 Sek. | Stufe 8** zerkleinern. Mit dem [Spatel] nach unten schieben. Die restlichen Zutaten zugeben und **20 Sek. | Stufe 4** vermengen. Umfüllen und mit Kräutern garniert servieren.

>HALTBARKEIT Im Kühlschrank gelagert ist der Dip ca. 3 Tage haltbar.

QUARK & SCHMAND

Wir verbrauchen hier je eine ganze Packung Quark und Schmand. Verwendet ihr Speisequark mit 45 % Fett, wird das Ergebnis seidiger als mit Magerquark. Denkt vor der Zugabe daran, Knoblauch und Kräuter mit dem [Spatel] nach unten zu schieben, damit die Milchprodukte ihren Geschmack aufnehmen.

Zwiebelbrot-Fackeln

Zwiebelbrot-Fackeln mit Frikadellen

00 20 std : min

LOW CARB LOW FAT

PRO STÜCK: 383 KCAL | 14 G E | 19 G F | 39 G KH

ZZGL. 1 STD. RUHEZEIT

ZUTATEN FÜR 10 STÜCK

FÜR DAS ZWIEBELBROT
- ★ 180 g Wasser
- ★ 20 g frische Hefe
- ★ 1 TL Zucker
- ★ 400 g Weizenmehl Type 550
- ★ 45 g Olivenöl zzgl. etwas zum Bestreichen
- ★ Salz
- ★ 100 g Röstzwiebeln

FÜR DIE FRIKADELLEN
- ★ 1 Zwiebel, halbiert
- ★ 500 g gemischtes Hackfleisch
- ★ 1 Ei
- ★ 30 g Semmelbrösel
- ★ 1 TL Senf
- ★ ½ TL Pfeffer
- ★ 2 TL edelsüßes Paprikapulver

AUSSERDEM
- ★ 10 Holzspieße

1 | Für den Teig Wasser, Hefe und Zucker in den ⊔ geben, **2 Min. | Stufe 1 | 37 °C** erwärmen. Mehl, Olivenöl sowie 1 TL Salz zugeben und **2 Min.** | verkneten. Den Teig umfüllen, abdecken und an einem warmen Ort ca. 1 Std. gehen lassen. Den ⊔ spülen.

2 | Für die Frikadellen Zwiebel in den ⊔ geben, **5 Sek. | Stufe 8** zerkleinern. Mit dem nach unten schieben. Restliche Zutaten mit 1½TL Salz zugeben und **1 Min.** | vermengen. Aus der Masse kleine Frikadellen formen.

3 | Den Teig in 10 Portionen teilen, in den Röstzwiebeln wälzen und zu Strängen rollen. Je einen Strang mit Frikadellen auf einem Spieß befestigen. Mit etwas Öl bestreichen und rundherum 5–10 Min. grillen.

>**TIPP** Die beiden Elemente der Spieße könnt ihr auch separat zubereiten. Verwendet den Teig für Burgerbuns und die Frikadellen als Pattys.

Mini-Focaccia

00 30 std : min

LOW CARB LOW FAT

PRO PORTION: 165 KCAL | 5 G E | 2 G F | 32 G KH

ZZGL. 1 STD. 20 MIN. RUHEZEIT

ZUTATEN FÜR 12 STÜCK

- ★ Nadeln von 4 Zweigen Rosmarin
- ★ 300 g Wasser
- ★ 20 g frische Hefe
- ★ 500 g Weizenmehl Type 405 zzgl. etwas zum Bearbeiten
- ★ 20 g Olivenöl zzgl. etwas zum Bestreichen
- ★ 1 TL getrocknete italienische Kräuter
- ★ 1½ TL Salz

1 | Rosmarin in den ⊔ geben, **6 Sek. | Stufe 8** zerkleinern und umfüllen. Wasser und Hefe in den ⊔ geben und **3 Min. | Stufe 2 | 37°C** erwärmen.

2 | Mehl, Öl, Rosmarin, Kräuter sowie Salz in den ⊔ geben und **2 Min.** | verkneten. Den Teig in eine leicht geölte Schüssel geben, mit Frischhaltefolie abdecken und an einem warmen Ort ca. 1 Std. gehen lassen.

3 | Ein Backblech mit Öl fetten. Den Teig auf einer leicht bemehlten Arbeitsfläche locker durchkneten und in 12 Stücke teilen. Die Teigstücke jeweils rund formen und auf das Backblech geben. Mit einem Küchenhandtuch abdecken und weitere 20 Min. gehen lassen.

4 | Den Backofen auf 240 °C Ober-/Unterhitze vorheizen. Mit den Fingerkuppen kleine Mulden in die Teiglinge drücken und mit Öl bestreichen. Im heißen Ofen 8–10 Min. backen.

5 | Die Mini -Focaccian aus dem Ofen nehmen, abkühlen lassen und servieren.

Foto: Ira Leoni (1); Tina Bumann (1)

SPEZIAL

Focaccia-Brötchen

GANZ AUTHENTISCH

Das Besondere an Focaccia ist, dass ihr vor dem Backen mit den Fingerspitzen kleine Mulden in die Oberfläche drückt, in denen sich aufgeträufeltes Olivenöl sammelt und sein Aroma entfaltet.

RATGEBER

GLÜCK AM GRILL

Unsere Tipps für einen gemütlichen Outdoor-Tag mit vielen neuen Leckerbissen

__Essbare Blüten__ sind wieder im Kommen. Besonders hübsch auf Salaten, Kräuterbutter und Grillkäse sind Veilchen, Borretsch, Gänseblümchen, Vergissmeinicht und Kapuzinerkresse.

SCHNELLER NUDELSALAT

Als einfache Beilage könnt ihr italienischen Nudelsalat servieren. Dafür 1 Packung Farfalle kochen, abseihen und in eine große Schale geben. Eine rote Zwiebel in Würfeln, halbierte Kirschtomaten, Mini-Mozzarella und Rucola zugeben und mit Olivenöl, Meersalz sowie Pfeffer vermengen.

WÄHLT GUTES FLEISCH AUS

- ✓ Achtet bei frischem Fleisch auf eine schöne Farbe und angenehmen Duft.
- ✓ Ein gewisses Maß an Fett hält Fleisch zart und saftig. Wählt daher Stücke mit gleichmäßiger Verteilung der feinen Fettadern.
- ✓ Behaltet Zertifizierungen wie Bio, Weidehaltung und Qualitätssiegel im Blick, die die Herkunft und Qualität des Fleisches garantieren.

> **REDAKTIONSTIPP** Bestellt hochwertige Fleischprodukte auch bequem online unter www.kreutzers.eu und erhaltet sie frisch und gekühlt direkt zu euch nach Hause geliefert. Das lohnt sich vor allem bei größeren Einkäufen für den Grillabend. Die **ZauberMix** Community erhält bei Bestellungen mit dem Code **zauber30** ganze 30 % Rabatt (davon ausgenommen sind Weine, Spirituosen und Hardware).

3 Top-Tipps für gegrilltes Gemüse

1. **Fladenbrotpizza:** Belegt ein gekauftes oder selbst gemachtes Fladenbrot mit Grillgemüse.
2. **Antipasti-Salat:** Schneidet mundgerechte Stücke und vermischt sie mit Pasta, Blattsalat, Kräutern und einem Dressing eurer Wahl.
3. **Als Dip:** Püriert das Gemüse mit Olivenöl, Zitronensaft, Knoblauch und Gewürzen.

Basis REZEPT

Kräuterbutter in 5 Minuten

Für 300 g: Blättchen von 2 Stielen Petersilie und 1 Stiel Salbei, 30 g Basilikumblättchen, Nadeln von 2 Zweigen Rosmarin, ½ Beet Kresse, 1 TL Salz und ¼ TL Pfeffer in den geben, **5 Sek.** | **Stufe 10** zerkleinern. Mit dem nach unten schieben. 250 g weiche Butter in Stücken zugeben, **20 Sek.** | | **Stufe 4** vermischen und bis zum Servieren kalt stellen. Reste in einer Frischhaltedose im Kühlschrank lagern und innerhalb von 1 Woche aufbrauchen. Alternativ in Eiswürfelformen einfrieren.

HIER WIRD *gezaubert!*

Im ZauberMix Team ist immer etwas los. Hier gibt's einen Blick hinter die Kulissen …

„Ich liebe es!"

EINFACH DUFTE

Unsere Kollegin Elisa macht ab sofort Platz in ihrem Badezimmerschrank. „Ich war schon während der Fotoproduktion angetan vom feinen Rosmarinduft unseres Haarwassers. Und dann fühlte es sich auch noch wirklich angenehm an. Diesen Sommer können sich einige meiner Freundinnen freuen, ich werde garantiert noch einmal Haarwasser selbst herstellen."

Lesestoff fürs ganze Team

Zu den besonderen Momenten im Verlauf eines Monats gehören immer die Lieferungen neuer Zeitschriften und Bücher, an denen wir wochenlang gearbeitet haben. Sobald sie eintreffen, schnappen sich alle die Neuheit, um darin zu stöbern. Genau so war es natürlich, als unser wertvolles neues Basis Kochbuch geliefert wurde. Sofort läuft dann jemand von uns im Team direkt zum Lager und holt einen Stapel, um die Exemplare unter uns zu verteilen. Dann wird erst einmal geblättert und gestaunt. Wir hoffen daher, dass es euch genau so geht, wenn ihr unsere Zeitschriften und Bücher entdeckt.

Kreativ-Meeting

GUTE IDEEN? HIER ENTLANG, BITTE!

Jetzt wird's kreativ. Denn wenn Elisa und Lukas aus dem Rezeptteam, Kameramann Daniel, Social-Media-Expertinnen Denise und Clara sowie unsere Monsi-Expertin Isy sich treffen, entstehen immer wieder neue Ideen für unsere Kanäle auf Instagram und YouTube.

Im Fußballfieber

Wie im Fußball ist auch bei unseren Fotoshootings die richtige Aufstellung entscheidend. Und so haben unsere Kollegin Kathrin und unser Experte Lukas in unserem Fotostudio die Requisite von linksaußen ins Mittelfeld gerückt, um die neu entwickelten Kuchen, Desserts und Snacks in Szene zu stellen. Dabei haben sie jeden Mitspieler geprüft, damit das Team am Ende den Sieg ganz lässig nach Hause holen kann. Für euch heißt es jetzt: Freund*innen einladen, Wetten abschließen und mit unseren Ideen die Fußball-Party feiern! Teilt eure Favoriten mit uns in der **ZauberMix** Community, damit wir uns alle weltmeisterlich inspirieren können.

Fotos: Kathrin Knoll (2); Anna Gieseler (3); Adobe Stock / sonatik/KI (1) / VICUSCHKA (1); Mepal (1); Ira Leoni (1); Archiv (1)

VORSCHAU

Die Ausgabe 4/2024 von
monsieur cuisine by ZauberMix
erscheint am **5. Juli 2024**

SOMMERSONNEN-IDEEN ZUM FAULENZEN

Jetzt wollen wir vor allem eins: Nicht lange kochen. Daher liefern wir rasante Ideen für Gnocchi Hawaii, Zitronen-Mascarpone-Pasta, bunten Picknicksalat, krosse Bruschetta mit Schinken und Honigmelone oder auch seidige After-Eight-Creme aus dem Mixtopf. Da könnt ihr die Beine direkt wieder hochlegen.

Pizzatime!

NEUE HITS WIE IM RISTORANTE

Die machen Lust auf gesellige Sommerabende unter freiem Himmel. Für den Pizzaabend backen wir neue Kreationen für große Käsefans, rollen Pizzaschnecken mal anders und zaubern famose Calzone. Den Teig macht der Monsieur. Dann heißt es: Schlemmen!

Konfitüre

TOP-3-BASISREZEPTE

Mit Gelierzucker oder ganz ohne – wie ihr eure Lieblingsfrüchte einfach in köstlichste Konfitüre verwandelt, zeigen wir mit unseren drei simplen Basisrezepten. Wer diese hat, kann sich entspannt zurücklehnen und dem Monsieur Cuisine das Haltbarmachen überlassen.

SPEZIAL

EISDIELE @HOME

Wir schieben eine coole Kugel – oder zwei. Denn wir lieben es, im Monsieur Cuisine luftiges Softeis und cremige Nicecreams zuzubereiten. Auch kühl aufgefluffter Eiskaffee können wir bei über 30 Grad im Schatten einfach nicht widerstehen. Macht euch bereit für eisige Kleinigkeiten zum Löffeln und Schlecken. Die neuen Kombinationen können mit jeder Eisdiele mithalten!

HOCHSAISON DER GARTENKRÄUTER

Ihr könnt euch von Minze, Basilikum und Minze nicht retten? Dann ab in den Monsieur Cuisine mit der frisch-grünen Ernte! Um die Aromen zu bewahren mixen wir Pestos, Öle und mehr und zeigen, wie ihr mit ihnen jede Mahlzeit würzig aufwertet. Einfach dufte!

Fotos: StockFood/ Are Media (1); Kathrin Knoll (1); Désirée Peikert (1); Sandra Leibinger (1); Anna Gieseler (1) | Illustration: Archiv | Die angekündigten Themen können abweichen.